Heinrich Gasteiger
Gerhard Wieser
Helmut Bachmann

33X Pasta

VERLAGSANSTALT ATHESIA | BOZEN

LIEBE LESERIN, LIEBER LESER!

Wir freuen uns, dass Sie sich für ein Buch der »So genießt Südtirol«-Kochbuchreihe entschieden haben. Um in Zukunft noch besser auf Ihre Wünsche eingehen zu können, ist uns Ihre Meinung wichtig. Bitte senden Sie uns Ihre Anregungen, Ihre Kritik, Ihr Lob und auch Ihre Fragen zu unseren Büchern. Wir freuen uns auf Ihre Nachricht!

Fax +39 0471 97 68 54 · info@so-kocht-suedtirol.it · www.so-kocht-suedtirol.it

BIBLIOGRAFISCHE INFORMATION DER DEUTSCHEN NATIONALBIBLIOTHEK

Die Deutsche Nationalbibliothek verzeichnet diese Publikation in der Deutschen Nationalbibliografie; detaillierte bibliografische Daten sind im Internet abrufbar: http://dnb.d-nb.de

UMSCHLAGBILDER

Titelbild: getrocknete Pasta

Rückseite: Pappardelle, gefüllt mit Almkäse-Fonduta · Garganelli mit Grillgemüse

BILDNACHWEIS

Athesia-Archiv: Seite 7, 10 u
Udo Bernhart: Seite 12 u
Marc O. Finley: Titelbild
Daniela Kofler: Seite 10 o, 11 (1–2), 15 u, 16, 17, 18, 19 o
Egon Mark: Seite 19 u
Alexa Rainer: Seite 6
Simone Zöggeler, www.dariz.com: Seite 3
Alle übrigen Aufnahmen stammen von Günther Pichler, Eggen, www.gpichler.com

IMPRESSUM
Oktober 2011

Lektorat: Klaus Innerhofer
Korrektorat: Kathrin Kötz
Umschlaggestaltung: ganeshGraphics, Lana
Design: Athesiaverlag, Ulrike Teutsch
Layout: Athesiaverlag, Heike Santer
Druck: Athesiadruck, Bozen

ISBN 978-88-8266-645-3

www.athesiabuch.it
buchverlag@athesia.it

Die wunderbare Welt der Pasta

Italiener sind berühmt für Stil und Leidenschaft. Da ist es geradezu enttäuschend, dass das Wort »Pasta« nur »Teig« bedeutet. Denn der Begriff »Teig« wird der erstaunlichen Vielfalt der Pastasorten in keiner Weise gerecht. Doch die einfachste Art der Pasta ist nichts anderes als ein Teig aus Mehl und Wasser, der noch verfeinert werden kann. Eier oder Eigelb machen ihn reichhaltiger; Tintenfischtinte und Gemüsesäfte (z. B. aus Basilikum) sowie Gewürze wie Safran und Kurkuma bringen Farbe ins Spiel. Und andere Zutaten wie Steinpilze oder Trüffel, Peperoncino und Kräuter sorgen für interessante Geschmacksnuancen.
Pasta kann auch Grundlage einer sättigenden Suppe sein. Minestrone nennt sich einer dieser Klassiker. Zu einem herzhaften Gericht wird Pasta, wenn sie mit langsam gekochten Saucen (z. B. mit Hackfleisch als Bologneser Sauce) serviert wird.
Schlicht, aber dennoch elegant wird Pasta dagegen, wenn man die Nudeln mit Sahne und Garnelen anrichtet. Will man sie auf ländliche Art zubereiten, genügt die Zugabe der Kräutersauce Pesto oder einer herzhaften italienischen Wurst namens Salsiccia.
Oft werden aus Pastateig auch Säckchen mit köstlicher Fülle hergestellt – denken Sie nur an Ravioli, Tortellini oder Agnolotti. Und nicht zu vergessen sind die leichten, frischen Pastavarianten, beispielsweise mit Meeresfrüchten und sommerlichen Salaten.
Pasta passt immer: zu jeder Zeit im Jahr, zu jedem Anlass, für jedes Budget. Das Schwierigste ist, sich für eine Form und eine Sauce zu entscheiden.
Kochen muss man mit Verstand, Freude und Gefühl. Dieses Buch bietet ihnen Vorschläge dazu, von denen Sie bestimmt begeistert sein werden. Das Einzige, was es nicht kann, ist, Ihnen das Kochen abzunehmen. Aber dieses Vergnügen wollen Sie sich ja auch nicht nehmen lassen – oder?
In diesem Sinne: Guten Appetit – buon appetito!

Helmut Bachmann — Gerhard Wieser — Heinrich Gasteiger

H. Bachmann — G. Wieser — H. Gasteiger

Inhalt

5 **Primi Piatti**

5 Die Vielfalt der Pasta

7 Pasta lunga/Pasta corta

8 Unerschöpfliche Pastavariationen

9 Pastaherstellung

11 Klassiker unter den Pastasaucen

13 Welche Sauce zu welchen Nudeln?

14 Welche Nudeln zu welcher Sauce?

14 Pasta als Beilage

15 Nudelsalate

15 Nudelsuppen

16 Zubehör für die Pastaherstellung

18 Lagerung von Pasta und Teigwaren

18 Herstellung von gefüllten Teigwaren

19 Pasta ist gesund

19 Wein und Pasta

87 **Kleines Küchenlexikon**

87 Ländertypische Bezeichnungen

88 **Register**

20 **Pikante Pasta**

28 **Pasta mit Gemüse**

40 **Pasta mit Fleisch und Wurstwaren**

50 **Pasta mit Käse**

56 **Pasta mit Kräutern und Pilzen**

62 **Lasagne, Ravioli und Cannelloni**

74 **Pasta mit Meeresfrüchten**

84 **Nudelteige und Grundsaucen**

Primi Piatti

Für uns sind Spaghetti sehr viel mehr als nur ein typisches Gericht; sie sind Teil unserer Erinnerung, nicht nur der gastronomischen. Denn sie sind direkt mit der kulturellen Geschichte unseres Landes verknüpft. Pasta bzw. Nudeln spielen in der italienischen Küche schon seit Jahrtausenden eine gewichtige Rolle und erfreuen sich mittlerweile in vielen anderen Ländern **großer Beliebtheit.**

Nudeln sind ein vielseitiges, praktisches und preiswertes Lebensmittel. Sie sind leicht und schnell zuzubereiten und lassen sich mit verschiedenen Zutaten zu einer Vielfalt köstlicher Gerichte verwandeln. **Kurz oder dick, dünn oder lang, gefüllt oder überbacken ...** kein Nudelgericht ähnelt dem anderen.

Diese Vielfalt hat ihren Sinn: Denn zu jeder Form und Art gibt es das optimale Rezept.

Die Vielfalt der Pasta

Man kennt in Italien mindestens 300 Arten von Nudeln, die sich durch ihre Teigart – entweder mit **Hartweizengrieß und Wasser** oder mit **Mehl und Eiern** zubereitet – und durch ihre Form unterscheiden. Diese Vielzahl zeugt nicht nur von einer blühenden Fantasie, sie wirkt sich auch direkt auf den Geschmack aus, denn die Form der Nudeln bestimmt die Art der Verbindung, die Pasta und Sauce miteinander eingehen können.

Woran erkennt man eine gute Pasta?

Die Zutaten des Grundteigs und seine Herstellungsart entscheiden über die Qualität.

Nudeln sollen in reichlich Salzwasser »al dente« gekocht werden und so wie auf dem Foto in das kochende Wasser gegeben werden.

Der Protein- und der Glutengehalt des Hartweizenmehls sowie das Mischverhältnis mit Wasser und Eiern sind ebenso wichtig wie die Knetdauer und die Art der Trocknung. An folgenden Merkmalen erkennt man eine gute Pasta:

An der Farbe

- Die getrockneten Nudeln müssen absolut gleichmäßig und klar gefärbt sein; sie dürfen nicht fleckig wirken und auch keine Risse aufweisen.
- Eine reine Hartweizennudel sollte hellgelb, niemals zu dunkel sein. Ein wie »geröstet« wirkender Farbton könnte auf einen Zusatz von Weichweizen hindeuten

DIE 11 GEHEIMNISSE DER PERFEKT GEKOCHTEN PASTA

Eine hervorragende Nudelqualität allein genügt nicht; man muss beim Kochen auch ein paar wichtige Grundregeln beachten:

1. Man braucht mindestens **1 l kochendes Wasser** auf je 100 g Nudeln, außerdem einen großen und hohen Topf.

2. Erst wenn das Wasser kocht, **Salz zugeben** – etwa 10 g oder 1 TL je 100 g Pasta – und das Wasser durchrühren.

3. Die Nudeln immer in das **sprudelnd kochende** Salzwasser geben.

4. **Lange Nudeln** aufrecht, wie ein Bündel Mikadostäbe, ins Wasser stellen und auseinanderfallen lassen. Nicht in Stücke brechen.

5. **Geformte Nudeln** wie z. B. Fusilli sofort mit einem Holzlöffel durchrühren und trennen.

6. **Glatte Nudeln,** in dem Maße wie sie weich werden, langsam ganz ins Wasser schieben und erst dann rühren, sonst verkleben sie.

7. Zur **Verkürzung der Kochzeit** die Nudeln nach Packungsanweisung sprudelnd fast fertig kochen lassen, dann abseihen und in die vorbereitete Sauce geben. Diese eventuell mit etwas Nudelkochwasser oder passender Brühe verdünnen und die Nudeln darin zu Ende garen.

8. Die **bissfest** *(al dente)* gekochte Pasta abseihen. Sie schmeckt so am besten und ist am bekömmlichsten.

9. Da jede Nudelart ihre eigene Kochzeit hat, ermittelt man den **richtigen Zeitpunkt** durch Probieren. Oder man entnimmt eine Nudel und teilt sie. Ist der Kern noch weiß, die Kochzeit eventuell um etwa 1 Minute verlängern.

10. Beim Abseihen der Nudeln immer etwas vom **Kochwasser** zurückhalten, um es gegebenenfalls zur Sauce geben zu können.

11. Sieht das Rezept vor, dass man die Nudeln in der Sauce (im Topf oder in der Pfanne) durchschwenkt, gießt man sie ab, **ehe sie völlig gar sind.**

oder darauf, dass die Pasta bei zu großer Hitze übereilt getrocknet wurde.

- Gute Pasta bricht mit sauberer Kante und erzeugt einen klaren, trockenen Ton.

Am Kochwasser

Der Schaum, der sich bildet, während die Pasta kocht, muss kein Zeichen schlechter Qualität sein; meist sind es einfach aufsteigende Luftblasen. Üblicherweise erzeugt gute Pasta weniger Schaum. Das Wasser der gekochten Pasta sollte möglichst klar sein. Je trüber es ist, desto mehr Stärke hat sich aus dem Nudelteig gelöst.

TIPP

Die gekochten Nudeln **nicht kalt abbrausen/abfrischen,** denn sie verlieren dadurch den sie umgebenden Stärkemantel, der dazu dient, die Sauce besser zu halten, aber auch den Geschmack. Eine Ausnahme sind Nudeln, die man für Salat verwendet.

Pasta lunga/Pasta corta

Lange Nudeln

Unter den langen Nudeln sind die runden Spaghetti – übersetzt heißen sie einfach »Bindfäden« – zweifelsohne die berühmtesten.

Man kennt sie in vielen Varianten:

Spaghettini: besonders dünne Spaghettini

Spaghetti: etwas dickere Spaghetti

Bucatini: Ebenfalls sehr beliebt sind die an dicke Spaghetti erinnernden Bucatini, die aber in der Mitte hohl sind. Klassisch ist die Kombination mit dem scharfen Sugo all'amatriciana, doch passen auch

Bucatini

Fusilli

Linguine

Maccheroni

Tagliatelle

Garganelli

Pappardelle

Pipe rigate

Orecchiette

Conchiglie

Frisch zubereitete Nudeln schmecken einfach besser als gekaufte und sind diesen vorzuziehen.
[1] Grüner Nudelteig (Spinat) [2] Weißer Nudelteig (ohne Ei) [3] Roter Nudelteig (Tomaten) [4] Gelber Nudelteig (Eier) [5] Brauner Nudelteig (Buchweizen/Schwarzpolenta).

andere Saucen mit kräftigem Geschmack, die flüssig genug sind, um in die dünnen Öffnungen der Nudeln eindringen zu können.

Kurze Nudeln

Maccheroni (auch Makkaroni; deutsche Schreibweise) sind die beliebten röhrenartigen Teigwaren. Zu ihnen passt jede Zubereitungsart und Sauce. Aber natürlich können Maccheroni wie viele weitere Teigwaren durch andere Sorten wie Spiralen ersetzt werden. Normalerweise streut man geriebenen Parmesan darüber. Eine Alternative ist ein würziger Fontinakäse; er verleiht einem Pastagericht mehr cremigen Schmelz.

Penne: Die kurzen, an den Enden schräg geschnittenen Hohlteigwaren sind in **glatter und gerillter** Version erhältlich; letztere nennt man auch Penne rigate. Es gibt sie in den unterschiedlichsten Größen: von den kleinen Pennine über die Pennette bis zu den großen, an Weihnachten servierten Penne di Natale. Ihren Namen haben die Penne von ihren spitzen Enden: »Penna« heißt nämlich Schreib- bzw. Füllfeder, und so sehen die Penne auch aus.

Unerschöpfliche Pastavariationen

Pasta (Nudeln, Teigwaren):

Der alte Streit, ob sie aus Ostasien oder Italien stammen, macht ihren internationalen Stellenwert deutlich. In kaum einem Land der Welt verzichtet die Küche heutzutage auf Nudeln. Sie sind nicht nur **warme Vorspeise oder Hauptmahlzeit,** sondern auch als **Beilage** und als **Einlage** für Suppen beliebt.

Getrocknete Nudeln (Pasta secca)

Unter dem Begriff **Pasta secca** werden in Italien alle getrockneten Nudeln zusammengefasst: Die »Pasta lunga« sind **lange Nudeln** wie Spaghetti, Tagliatelle, Bucatini usw. Als **Pasta corta** werden die kurzen Nudeln wie Maccheroni, Penne, Garganelli usw. bezeichnet.

Um sich vom Angebot ihrer Konkurrenten zu unterscheiden, vergeben die einzelnen Nudelhersteller zusätzlich **firmeneigene Nummern** für ihre Sorten. Da werden die Spaghetti in mehreren Stärken angeboten, etwa von den hauchdünnen Capellini über die Spaghettini bis hin zu den Fettuccelle.

Spaghetti und Tomaten bilden eine herrliche Symbiose.

PASTAHERSTELLUNG

- Der Mehlkörper des Weizenkorns **(Durumweizen)** enthält spezielle Eiweißstoffe, die für die gute Eigenschaft der Teigwaren verantwortlich sind. Der »Kleber« – so heißt das Eiweiß – gibt dem Mehl den richtigen »Griff« und verleiht den Teigwaren die richtige Konsistenz.
- Der Kleberanteil ist **im Weizen wesentlich höher als im Roggen** oder in anderen Getreidesorten. Hartweizen liefert das beste Mehl und den besten Grieß.
- Der benötigte Hartweizen kommt **überwiegend aus Italien,** zum Teil aus Kanada, wo lange, trockene Sommer für die hochwertige Qualität des Weizens sorgen. In Italien hat sich die Pasta-Industrie dort angesiedelt, wo die besten Bedingungen für die Herstellung von Nudeln gegeben sind, vor allem in der Gegend von Parma, Neapel und in den Abruzzen.

Jede dieser Abstufungen ist nummeriert. Doch, wie gesagt, die Nummer ist keine allgemeingültige Norm unter den Herstellern. Und mit der italienischen Sprache lässt sich zudem spielen. Da sind bei den Bandnudeln die **Tagliolini schmaler als die Taglierini.**

Frische Teigwaren (Pasta fresca all'uovo)

Frische, aus weichem Teig geformte und **kurz abgekochte Teigwaren** schmecken unübertrefflich. Sie sind mit den getrockneten nicht zu vergleichen. Ob man den Teig aus Hartweizen oder Grieß oder einer Mischung aus beiden Sorten herstellt, ob mit ganzen Eiern oder Eigelb, ob mit etwas Wasser und Olivenöl – der Teig muss in jedem Fall vor der Weiterverarbeitung in **Folie eingewickelt oder vakuumiert** ruhen.

Die Eier sind ein wichtiger Bestandteil der Teigwaren. Sie geben ihnen Geschmeidigkeit und Lockerheit und bringen einen vollmundigen Geschmack.

Vollkornnudeln

Vollkornmehl enthält **alle Bestandteile des Getreidekorns,** vor allem den wertvollen Keim und die ballaststoffreichen Randschichten. Frisch gemahlen und sofort verwendet, entfaltet das Mehl sein volles Aroma. Um geschmeidige Teige aus Vollkornmehl herzustellen, muss das Getreide sehr fein gemahlen werden.

Spaghetti alla chitarra

Italienische Pasta ist durch einfallsreiche Formen geprägt. Diese Formenvielfalt hat ihren Sinn, denn die beste Sauce verliert ihren Reiz, wenn dazu unpassende Nudeln gereicht werden. Faszinierend sind die hauchdünnen Spaghetti alla chitarra mit quadratischem Querschnitt. Aus Eiernudelteig zubereitet, werden sie auf einem speziellen Gerät (der »Gitarre«, einem mit Drähten bespannten Holzrahmen) geschnitten. Sie passen vor allem zu Saucen mit Fleisch, Käse und Fisch.

Um Nudeln **derart filigrane** und während des Kochens stabile Formen zu geben, muss der Pastateig besondere mechanische Eigenschaften aufweisen:

- leichte Verformbarkeit,
- gute Fließeigenschaften,
- keine Rissbildung auch bei höchster Deformation (im Extruder unter hohen Pressgeschwindigkeiten).

Zubereitung von Spaghetti alla chitarra. Im Bild die Chitarra (Gerät), mit der man den Nudelteig in filigrane Nudeln schneidet.

»AL DENTE«

Damit ist die Bissfestigkeit der Nudeln gemeint. Am besten richtet man sich nach der Kochzeit, die auf der Packung angegeben ist. Sieht man beim Anbeißen **innen noch einen winzigen weißen Punkt,** sind die Nudeln genau richtig, da sie ja im Sieb und in der Schüssel noch ein wenig weitergaren. Dann müssen sie so schnell wie möglich gegessen werden.

Pastaspezialitäten und -gerichte vom Süden bis zum Norden. [1] Orecchiette alla calabrese in der Pfanne serviert [2] Bucatini mit Pesto und Pecorino ... dazu ein Glas Wein, einfach herrlich [3] Spaghetti mit Bologneser Sauce (Fleischragout), der Klassiker [4] Spaghettini mit frischer Tomatensauce und Basilikum, beliebt bei Jung und Alt

Bunte Nudeln

Mit bunten Nudeln soll das Auge verwöhnt werden. Die gängigsten Nudelformen erhalten mit **Spinat, Petersilie, Tomaten, Rohnen (Rote Bete), Seppia-Tinte, Safran, Steinpilzen** usw. eine optisch ansprechende Farbe.

Klassiker unter den Pastasaucen

Bologneser Sauce (Ragù alla bolognese)

Das »Ragù alla bolognese« ist wohl eine der bekanntesten Pastasaucen Italiens. In vielen Restaurants und Trattorien wird das Ragù alla bolognese jeden Tag frisch zubereitet. Eine gute Qualität der Zutaten ist Voraussetzung, und die fängt schon mit der Auswahl des Fleisches an. Eine gute »Bolognese« **muss langsam und lange** kochen, dann entfaltet sie ihr wunderbares Aroma aus Fleisch und Gemüse.

- **Fleisch:** In jedem Fall sollte man das Fleisch am Stück erwerben und dann zu Hause **in kleine Würfel schneiden** oder **durch den Fleischwolf drehen**. Ob mehr Rind- oder Schweinefleisch verwendet oder sogar Lammfleisch untergemischt wird, bleibt dem eigenen Geschmack überlassen.
- **Gemüse:** Die unvergessliche Würze der Sauce basiert auf dem **»Soffritto«** aus Zwiebeln, Sellerie sowie Karotten und nach Wunsch auch Knoblauch, alles klein geschnitten und in Olivenöl gedünstet.
- **Tomaten:** Die Tomaten spielen natürlich auch eine wichtige Rolle. In den Sommermonaten können Sie **frische Tomaten** verwenden. In den Wintermonaten nimmt man hauptsächlich **eingekochte Tomaten** oder Tomaten aus der Dose, eventuell »Pelati«, also geschälte Tomaten.
- **Wein:** Der Wein sollte von guter Qualität sein, am besten ein dunkler und kräftiger Rotwein.
- **Gewürz:** Beim Gewürz hat jede Hausfrau und jeder Hausmann ihre/seine eigene Auswahl. Die **Petersilie** darf nie fehlen; dann kann vom **Basilikum, Oregano, Knoblauch, Lorbeer, Rosmarin** und **Salbei** alles dazukommen, je nach Belieben und Geschmack.

VERWENDUNG RAGÙ

Diese Sauce hat in der Gegend um Bologna ihren Ursprung und findet in der italienischen Küche zu den klassischen **Fettuccine** oder **Tagliatelle** oder im **Pasticcio di lasagne** am häufigsten Verwendung, auch bei uns in Südtirol.
Das Ragout wird auch als Füllung im **Pasticcio di polenta** verwendet; dabei wird die Polenta in Scheiben geschnitten, schichtweise mit Ragout und Parmesan in eine Form gegeben und im Backofen gratiniert.

Tomatensauce (Sugo al pomodoro)

- Das A und O für eine geschmacksintensive Tomatensauce, **in Italien Sugo genannt,** sind am Strauch gereifte, aromatische Tomaten. Nur sie bringen die erwünschte **fruchtig-süße Note**. Am besten eignen sich die länglichen **Eiertomaten (San Marzano)**. Außerhalb der Sommermonate empfiehlt es sich, auf italienische Dosentomaten zurückzugreifen, wobei die **besten Pelati** aus der Gegend von Neapel oder Parma kommen.
- Frisch zubereitete Tomatensauce kann man auch in Gläser abgefüllt und dann sterilisiert auf Vorrat halten.

Frisches Basilikum ... Hauptbestandteil für den Pesto alla genovese. Das besondere Etwas für Nase und Gaumen.

[1] Pichidilli-Tomaten [2] Fleischtomate [3] Ochsenherztomate [4] Camone-Tomate [5] Eiertomate (San Marzano) [6] Datteltomaten (Datterini) [7] Oliventomaten (Olivetti) [8] getrocknete Tomaten [9] Cherrytomaten

Genueser Basilikumsauce (Pesto alla genovese)

Aus Ligurien stammt die berühmteste kalte Pastasauce, den **Pesto alla genovese.** Diese Genueser Basilikumsauce hat es zu internationaler Berühmtheit gebracht. Entlang der ligurischen Riviera gibt es zwar zahlreiche Variationen, doch unterscheiden sich die Zusammensetzungen nur geringfügig. Wie und mit welchen Zutaten die würzige Basilikumsauce zubereitet werden muss, ist allerdings selbst in ihrer Heimat umstritten. Für die einen gehören **Pinoli** (Pinienkerne) unbedingt dazu, andere lehnen diese strikt ab; die einen verwenden nur **Parmesan,** während andere noch zusätzlich **Pecorino** untermischen. Klassisch verwendet man den Mörser für die Zubereitung und nicht den Blitzhacker (Moulinette).

TIPPS FÜR DIE PESTO-HERSTELLUNG

- Das eigentliche Geheimnis eines guten Pestos ist die **Qualität des Olivenöls und des Basilikums. Achtung:** Ein minderwertiges Olivenöl verdirbt den Geschmack.
- Ganz wichtig: **Pesto wird nie erhitzt oder gekocht,** sondern nur mit frisch gekochten Nudeln vermischt!
- Pesto kann so **kompakt** sein, dass man es unter Umständen zunächst mit Olivenöl verrühren muss, um eine saucenähnliche Konsistenz zu erzielen.
- Will man den **Pesto länger aufbewahren,** sollte man den **geriebenen Käse bei der Zubereitung weglassen** und erst kurz vor dem Servieren über die Nudeln geben.
- Sie können die Pinoli **vor dem Zerstoßen kurz trocken anrösten.** Diese gewinnen dadurch an Aroma.
- Der Knoblauch **sollte trocken, aber nicht zu alt sein,** denn auch von einer guten Knoblauchqualität hängt der Geschmack des Pestos ab. Vertrocknete und grüne ausgewachsene Knoblauchknollen schmecken scharf und das überträgt sich natürlich auch auf die Sauce.
- Es gibt auch noch andere Formen von Pesto, wie z. B. **Tomatenpesto, Bärlauchpesto, Kerbelpesto, Petersilienpesto, Olivenpesto, Kapernpesto, Nusspesto, Olivenpesto usw.**

Welche Sauce zu welchen Nudeln?

- **Ragù alla bolognese** (Hackfleischsauce): universelle Pastasauce für alle Arten von Pasta wie Spaghetti, Tagliatelle, Maccheroni, Penne, aber auch als Füllung für Lasagne
- **Sugo al pomodoro, alla napoletana** (Tomatensauce): zu Pasta jeglicher Art und Konsistenz
- **Carbonara** (Speck, Eier und Käse): zu Spaghetti und anderen langen Nudeln
- **Aglio-olio-peperoncino** (Knoblauch, Öl, Chilischote): zu Spaghetti, Spaghettini, Vermicelli, Linguine
- **All'amatriciana** (Speck-Tomatensauce): zu Bucatini, Spaghetti
- **Pesto** (Basilikumsauce): zu Trennette, Fettuccine, Tagliatelle, Farfalle, Linguine und zu gefüllten Nudeln wie Ravioli, Tortellini, Cannelloni
- **Sugo di pesce** (Fischsauce mit Tomaten): zu Maccheroni, Penne, Rigatoni
- **Burro e salvia** (Salbeibutter): zu allen Pastasorten
- **Alla panna** (Sahne): zu Tortellini, Rigatoni
- **Ai frutti di mare** (mit Meeresfrüchten): zu Spaghetti, Capelli d'angelo, Fidellini, Linguine

Passende Kräuter und Gewürze für Pasta:
[1] Schnittlauch [2] Basilikum [3] Zwiebel [4] Oregano [5] frische Chilischoten [6] Weiße Pfefferkörner [7] Knoblauch [8] Petersilie [9] Rosmarin

- **Alla siciliana** (Tomatensauce mit Sardinen): zu Vermicelli, Bucatini
- **In brodo** (Fleischsuppe aus Rind, Huhn): zu Cappelletti, Anellini, Tortellini, aber auch zu Capelli d'angelo oder Tagliolini
- **Salsa di noci** (Walnuss-Ricotta-Sauce): zu Fettuccine und anderen Bandnudeln
- **Sugo d'asparagi** (Spargelsauce): zu Tagliatelle oder anderen nicht zu breiten Bandnudeln, aber auch zu Gnocchetti
- **Allo spezzatino** (mit geschmortem Fleisch): zu Maccheroni, Fusilli, Penne, Rigatoni, Pappardelle und Bandnudeln
- **Salsa d'agnello** (Lammragout): zu Penne, Rigatoni, Orecchiette, Pappardelle, Tortiglioni
- **Salsa cruda** (rohe, ungekochte Sauce): zu Bandnudeln

Welche Nudeln zu welcher Sauce?

Dünne Nudeln: Generell sollten lange, dünne Nudeln mit einer leichten Olivenöl- oder Tomatensauce gereicht werden, denn diese verhindert, dass sie zusammenkleben.
Dicke, lange Nudeln: Nudelformen wie Bucatini mögen schwere Saucen mit Fleisch, Sahne, Käse oder Eiern.
Große, kurze Pasta wie Maccheroni und Penne schmecken fantastisch mit gehaltvollen Fleischsaucen oder Ragouts.

TIPPS

- Im Allgemeinen eignen sich getrocknete Nudeln wie **Rigatoni für dickere Saucen,** weil sich diese in den Einkerbungen und Röhren festsetzen können.
- Nur in den klaren Brühen oder Suppen wie Minestrone oder **Pastina in brodo darf die Pasta schwimmen.** Sonst sollten Saucen mengenmäßig so bemessen sein, dass die gewählte Pastaform die Sauce völlig aufnimmt.
- Je flüssiger die Sauce, desto aufnahmefähiger und hohler müssen die Nudeln sein.

Nudelteigtaschen mit Salatspitzen serviert, das Auge isst mit.

Pasta als Beilage

Teigwaren dienen als **Beilage zu Fleisch, Fisch** oder als willkommener Saucenträger. Als Beilage verwendet, werden die Nudeln **oft mit gebräunter Butter abgeschmälzt** und mit frischen **Kräutern wie Schnittlauch, Petersilie, Basilikum und Dill** verfeinert. Es sind vor allem die feinen Eierbandnudeln, die man gern zu Gulasch, Ragout und Geschnetzeltem verzehrt und mit der Sauce genießt.

[2] [3] [4]

…eine Spinatbandnudeln [3] Feine Tomatenbandnudeln

… Beila-
…h die
…rfal-
…ungen
…ren.

…h

…or-
…en

N…

Su… Erst später begann man, Nudeln auch trocken, d.h. als »Pasta asciutta«, mit Sauce zu essen. Es gibt zahlreiche Kategorien von Nudelsuppen mit verschiedenen Nudeltypen, die dafür entwickelt wurden.

- **Pastina in brodo** bezeichnet eine klare Fleischsuppe, mit Kräutern aromatisiert und mit kleinen Suppennudeln (Pastina) oder feinen Engelhaarnudeln (Capelli d'angelo) serviert.
- **Minestrina** ist eine relativ leichte Suppe, in die man kleine Suppennudeln wie z. B. Farfalline gibt.

Kraftsuppe (Brühe) mit Passatelli als Einlage

KLEINES PASTA-LEXIKON VON A BIS Z

Agnolini: rechteckige, gefüllte Teigtaschen
Bucatini: dicke, runde Spaghetti mit Loch
Cannelloni: große Röhrennudeln, die gefüllt und überbacken werden
Capelli d'angelo: dünne Fadennudeln, dünner als Spaghettini
Conchiglie: Muschelnudeln in verschiedenen Größen
Fedelini: dünne, lange Nudeln (wie Spaghettini oder Capelli d'angelo)
Fettuccine: lange Bandnudeln, die manchmal zu Nestern aufgerollt sind
Fusilli: gekräuselte, spiralförmige Nudeln
Garganelli: auf gerilltem Holzbrett aufgerollte Teigblättchen
Lasagne: breite Bandnudeln, die für Aufläufe verwendet werden; die Pasta kann auch mit Spinat gefärbt sein
Linguine: lange, dünne, zungenförmige (it. *lingua* = Zunge) Nudeln
Lumache: schneckenförmige Nudeln in verschiedenen Größen
Maccheroni: schmale, leicht gebogene Röhrennudeln in unterschiedlichen Längen
Orecchiette: ohrenförmige Nudeln, die innen glatt und außen rau sind
Pappardelle: Bandnudeln mit 5–6 cm Breite
Penne: kurze Röhrennudeln mit Schrägschnitt, die glatt oder gerillt sein können
Pipe rigate: kurze, pfeifenähnliche, geriffelte Röhrennudeln
Ravioli: gefüllte Teigtaschen in verschiedenen Größen, Formen und Geschmacksrichtungen
Rigatoni: kurze, geriffelte Röhrennudeln
Rotelle: kleine Nudeln in Form von Wagenrädern, als Einlage für Suppen und Eintöpfe
Spaghetti: lange, dünne Nudeln
Tagliatelle: Bandnudeln mit Ei, die auch grün, rot, schwarz usw. gefärbt sein können
Tortellini: gefüllte Teigtaschen, die eingedreht werden und dann wie kleine Ringe aussehen
Vermicelli: sehr dünne Fadennudeln

Zubehör für die Pastaherstellung

Abgesehen von erstklassigen **Kochtöpfen und Pfannen** kommt die italienische Küche mit sehr wenigen Gerätschaften aus. Die Pastaherstellung wird jedoch sehr viel einfacher, wenn Sie sich eine **von Hand betriebene** oder **elektrische Nudelmaschine** zum Ausrollen des Teigs und das entsprechende Zubehör anschaffen.

Nudelmaschine

Wenn Sie oft Nudeln selber machen, lohnt sich die Anschaffung einer Nudelmaschine.

Mit der Nudelmaschine lassen sich verschiedene Nudelformen, z. B. Tagliatelle (Foto), herstellen.

Sie erleichtert die Herstellung sehr. Der Teig wird durch die Walzen der Maschine gedreht und kommt als dünnes, elastisches Teigblatt wieder heraus.

NUDELMASCHINE

Je öfter das Teigblatt durch die Nudelmaschine gedreht wird, **desto dünner** wird es. Es gibt Zusatzgeräte, mit denen die Teigblätter in ganz gleichmäßige, verschieden breite Bandnudeln oder feine Nudeln (Taglierini) geschnitten werden können.

Nudelholz

Es wird zum Ausrollen von Nudel-, Brot- und Kuchenteig verwendet. **Ein Nudelholz sollte schwer sein**, dann übernimmt es durch sein Gewicht schon einen Teil Ihrer Arbeit und Sie müssen weniger Kraft einsetzen. Nudelhölzer werden aus **Holz, Kunststoff mit beschichteter Oberfläche** und auch aus **Marmor** angeboten.

TIPP

Beim Ausrollen sollten Sie Teig und Nudelholz **leicht mit Mehl bestauben,** damit der Teig nicht daran kleben bleibt.

Nudelbrett

Ein Nudelbrett ist zum Bereitstellen der ausgetriebenen Nudeln ideal.

Teigrädchen

Ein Teigrädchen mit **glattem Rad** (auch Pizzaschneider genannt) und ein Teigrädchen mit **gezacktem Rand** verwendet man zum Zurechtschneiden von Bandnudeln und zum Ausradeln von Nudeltaschen, Ravioli usw.

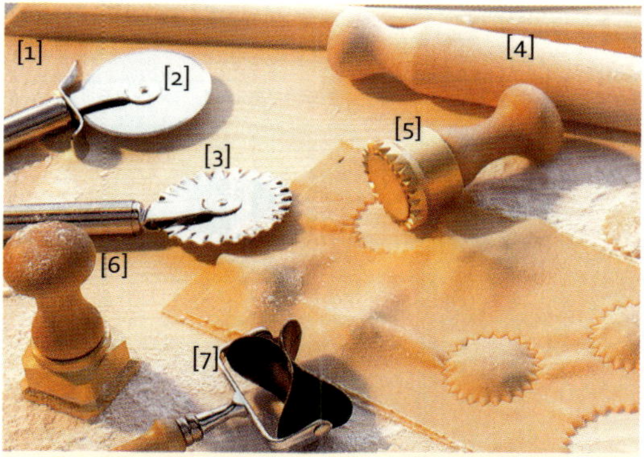

Nützliche Geräte und Utensilien, um frische Teigwaren zu verarbeiten. [1] Nudelbrett [2] Teigrädchen, glatt [3] Teigrad, gezackt [4] Nudelholz (Nudelwalker) [5] Ravioli-Ausstecher, rund (Model) [6] Ravioli-Ausstecher, quadratisch [7] Teigrad, um runde Blätter (Plätzchen) auszustechen.

Pinsel

Zum Verschließen von gefüllten Nudeln (Ravioli, Tortellini, Tortelli, Tortelloni usw.) tauchen Sie den Pinsel in **Wasser oder Eiweiß** und pinseln die Teigränder ein.

Spritzsack

Setzen Sie die Füllmasse für Ravioli und Tortellini mit einem Teelöffel oder einem Spritzsack mit **weiter glatter Tülle** auf die Teigstreifen.

Ausstechformen

Mit diesen Förmchen, die einen **glatten oder gewellten Rand** haben, können Sie das Teigblatt für gefüllte Nudeln ausstechen.

Ravioli-Ausstecher (Model)

Damit können Sie einzelne Teigquadrate **aus einer Nudelteigplatte ausstechen** und anschließend nach Belieben füllen.

Teigschaber

Mit einem Teigschaber können Sie die Arbeitsfläche von **Teigresten reinigen.**

Ravioli-Blech

Das ist eine **Gussform mit Vertiefungen,** auf die ein ausgetriebenes Teigblatt gelegt und angedrückt wird. Dann wird die Füllung in die Mitte der Vertiefung gesetzt, eine zweite Teigplatte aufgelegt und mit einem Nudelholz **darüber gerollt**, wodurch die Teigplatten zusammengedrückt und die Ravioli abgetrennt werden.

Lagerung von Pasta und Teigwaren

- Wollen Sie die Teigwaren erst etwas später kochen, dann können Sie sie auf ein leicht bemehltes Tablett geben, abdecken und kühl stellen.
- Oder Sie lassen sie einfach 2–3 Stunden auf einem Gitter oder Tablett trocknen und bewahren sie dann in einem luftdicht verschlossenen Behälter auf.
- Sie können Farfalle, Ravioli oder Tortellini auch einfrieren.

Herstellung von gefüllten Teigwaren

Tortellini

Tortellini werden in **unterschiedlichen Größen** hergestellt. Dafür gibt es folgende Namen: Tortellini nennt man die kleinen Teigtaschen, Tortelloni sind etwas größer, und Cappellini sind wie Tortellini, nur werden die Teigblätter in diesem Fall rund ausgestochen.

- Den Teig mit einer Nudelmaschine mehrmals ausrollen, **etwa 1 mm dick.**
- Mit einem Messer, Teigrädchen oder einem Ausstecher in gleich große **Quadrate** oder bei Cappellini **Kreise** mit einem Durchmesser von etwa 4–6 cm schneiden.
- Sie können portionsweise vorgehen und die restlichen Teigplatten inzwischen mit einer Folie oder einem feuchten Tuch **abdecken.**

Hausgemachte Tortellini: Teig dünn ausrollen, zu Quadraten von 6 x 6 cm schneiden, mit Ei bestreichen, etwas Füllung daraufgeben, schließen, rundherum gut andrücken, die zwei spitzen Enden nach innen falten und gut zusammendrücken.

Spaghetti, Bucatini, Tagliatelle, also lange Pasta, sollte man beim Essen mit einer Gabel aufdrehen. Als kleine Hilfe kann ein Esslöffel dienen. Absolutes »No-Go«: mit Messer und Gabel essen oder gar die Nudeln schneiden!

- Geben Sie 1 Teelöffel Füllung **nicht ganz genau in die Mitte** jedes Teigstücks.
- Bestreichen Sie die **Ränder** mit einem Küchenpinsel gleichmäßig mit Wasser oder Eiweiß.
- Klappen Sie den Teig in der Mitte zusammen, sodass die **Füllung** komplett eingehüllt ist.
- Wenn die Tortellini **Risse** oder **Öffnungen** haben, platzen sie beim Kochen auf; in so einem Fall die Füllung entfernen und noch einmal von vorne beginnen.
- Die beiden »Teigspitzen« **nach innen falten und zusammendrücken.** Wenn die einzelnen Tortellini etwas ungleichmäßig sind, macht das nichts.
- Die Tortellini können nun in **reichlich Salzwasser** gekocht werden, normalerweise genügen 3–4 Minuten.
- Damit Sie beim Kochen nicht zusammenkleben, geben Sie **etwas Olivenöl** ins Wasser.

Pasta ist gesund

Nudeln sind ideale **Kohlenhydrat-Lieferanten,** die Kraft geben und den Magen nicht belasten. Vollwertig sind Nudeln aus Vollkornmehl, Dinkel, Buchweizen usw., weil sie reich an **Vitaminen, Mineralien** und **Ballaststoffen** sind. Teigvorspeisen sind vor allem in der italienischen Küche beliebte warme Gerichte.

Wein und Pasta

Ein Patentrezept für diese Kombination gibt es nicht, denn Nudelgerichte lassen sich auf vielfältige Art und Weise zubereiten. Welcher Wein zu welchem Gericht passt, hängt in erster Linie von der Sauce ab. **Weiße, cremige Saucen harmonieren** in der Regel **mit Weißweinen oder leichten Rotweinen. Kräftig gewürzte Fleischsaucen** wie die berühmte »Bolognese« schreien dagegen förmlich nach einem **kräftigen, temperamentvollen Rotwein.** Schwieriger wird es bei überbackenen Nudelgerichten und Aufläufen wie Lasagne oder Cannelloni. Hier finden Sie würzige Saucen gemeinsam mit der cremigen Béchamelsauce. Überlegen Sie, welche Zutaten (Fleisch, Gemüse, Fisch) das Gericht dominieren und **entscheiden Sie nach Gefühl.**

Spaghetti mit Knoblauch, Peperoni und Oliven

FÜR 4 PERSONEN

Zutaten

4	Knoblauchzehen, in Scheiben geschnitten
100 ml	Olivenöl
2	getrocknete Peperoncini (rote Chilischoten)
120 g	Peperoni, in kleine Würfel geschnitten
80 g	Taggiasche-Oliven, entsteint
	Salz
1 EL	Petersilie, fein geschnitten

Weiteres

320 g	Spaghetti

Olivenöl: etwa 60 Grad
Peperoni-Knoblauchöl: etwa 15 Minuten
Spaghetti: siehe Packungsanweisung

Zubereitung

- Knoblauch in einer Pfanne mit Olivenöl bei 60 Grad langsam garen.
- Peperoncini fein aufschneiden oder zwischen den Fingern zerkleinern.
- Peperoniwürfel und Peperoncino zum Knoblauchöl geben, bei mittlerer Hitze weich dünsten.
- Oliven, Salz und geschnittene Petersilie dazugeben und gut mischen.
- In einem Topf Wasser mit etwas Salz zum Kochen bringen.
- Spaghetti hineingeben, öfters umrühren. Nach Packungsanweisung bissfest kochen und abseihen.
- Die gekochten Spaghetti zur Sauce geben, mischen und servieren.

TIPPS

1. *Dazu passen Blattsalate der Saison.*
2. *Am besten verwenden Sie für dieses Rezept ein Olivenöl aus erster Pressung (»extra vergine«), weil es einen besonders kräftigen und vollmundigen Geschmack hat.*
3. *Sie sollten den Knoblauch nur leicht im Öl erhitzen. Er sollte nicht braun werden, da er sonst bitter schmeckt.*

Maccheroni alla calabrese

Für 4 Personen

Zutaten

200 g Melanzane
80 ml Olivenöl
1 Knoblauchzehe, fein gehackt
Salz
50 g scharfe Salami (z. B. Neapolitaner), in dünne Streifen geschnitten
200 g Tomaten, geschält und in Würfel geschnitten oder Tomaten aus der Dose
1 EL Petersilie, fein geschnitten
Pfeffer aus der Mühle

Weiteres

320 g Maccheroni
100 g Mozzarella, in Würfel geschnitten
1 EL Basilikum, fein geschnitten

Sauce: etwa 8 Minuten
Maccheroni: siehe Packungsanweisung

Zubereitung

- Melanzane schälen und in 5 mm große Würfel schneiden.
- Olivenöl in eine Pfanne geben und mit gehacktem Knoblauch leicht erhitzen.
- Melanzane dazugeben, etwas salzen und rasch anbraten.
- Salami und Tomaten zufügen und mit Petersilie, Salz und Pfeffer würzen.
- Maccheroni in reichlich kochendem Salzwasser nach Packungsanweisung bissfest kochen und abseihen.
- Maccheroni in der Sauce schwenken, mit Mozzarellawürfeln und Basilikum bestreuen und servieren.

TIPPS

1. *Die Mozzarellawürfel erst kurz vor dem Servieren dazugeben.*
2. *Wenn die Salami nicht sehr scharf ist, dann können Sie mit etwas Peperoncino nachwürzen.*

Vermicelli alla puttanesca

FÜR 4 PERSONEN

Zutaten

100 ml	Olivenöl
2	Knoblauchzehen, zerdrückt
500 g	Tomatenwürfel oder Tomaten aus der Dose
50 g	schwarze Oliven, entkernt und halbiert
30 g	Kapern
2	Sardellenfilets in Öl
	Salz
	Pfeffer aus der Mühle
	Oregano
2 EL	Petersilie, fein geschnitten

Weiteres

320 g	Vermicelli
1 EL	Oreganoblättchen zum Garnieren

Sauce: etwa 8 Minuten
Vermicelli: siehe Packungsanweisung

Zubereitung

- Olivenöl mit zerdrückten Knoblauchzehen in der Pfanne erhitzen.
- Tomaten dazugeben und einige Minuten kochen lassen.
- Oliven und Kapern hinzufügen und dünsten lassen, bis die Sauce etwas eingekocht ist.
- Sardellenfilets zerteilen und zur Sauce geben, eventuell mitkochen, bis sie zerfallen.
- Mit Salz, Pfeffer und Oregano abschmecken, Petersilie darüberstreuen.
- In einem Topf Wasser mit etwas Salz zum Kochen bringen und die Nudeln hineingeben, öfters umrühren und nach Packungsanweisung bissfest kochen.
- Abgießen und gut abtropfen lassen.
- Nudeln zur Sauce geben und vermischen, eventuell nochmals mit Salz und Pfeffer nachwürzen, mit den Oreganoblättchen bestreut servieren.

TIPPS

1. *Sie können auch Zwiebelwürfel zur Sauce geben.*
2. *Wer die Nudeln etwas schärfer liebt, fügt 1 bis 2 getrocknete Peperoncini (Chilischoten) hinzu.*
3. *Statt Vermicelli können Sie auch Spaghetti verwenden.*

Paccheri all'arrabbiata

FÜR 4 PERSONEN

Zutaten

- 1 kleine Zwiebel
- 600 g frische Tomaten (z. B. San Marzano) oder Tomaten aus der Dose
- 2 EL Olivenöl
- 1 Knoblauchzehe, fein gehackt
- Salz
- 1 getrockneter Peperoncino, fein zerrieben
- 4 Basilikumblätter, fein geschnitten

Weiteres

- 320 g Paccheri
- 2 EL Kapern
- 120 g gegrillte Melanzanescheiben, in Würfel geschnitten
- 2 EL Parmesanspäne zum Garnieren

Sauce: etwa 20 Minuten
Paccheri: siehe Packungsanweisung

Zubereitung

- Zwiebel schälen und in feine Würfel schneiden.
- Tomaten waschen und in Würfel schneiden.
- Olivenöl in eine Pfanne geben, leicht erhitzen und Zwiebelwürfel und Knoblauch darin anschwitzen.
- Tomaten dazugeben, mit Salz und Peperoncino würzen und leicht köcheln lassen.
- Tomatensauce mit der Handpassiermaschine (Flotte Lotte) oder dem Pürierstab fein passieren und mit Basilikum abschmecken.
- In einem Topf Wasser mit etwas Salz zum Kochen bringen und die Nudeln hineingeben, öfters umrühren und nach Packungsanweisung bissfest kochen.
- Abgießen und gut abtropfen lassen.
- Die Nudeln mit der Sauce vermischen, auf Tellern anrichten und mit Kapern, Melanzanewürfeln und Parmesanspänen garnieren und servieren.

TIPPS

1. *Sind die Tomaten zu säuerlich, geben Sie etwas Zucker in die Sauce.*
2. *Wenn Sie keine »San Marzano-Tomaten« bekommen, können Sie auch sehr reife Fleischtomaten verwenden.*
3. *Sie können natürlich auch andere Nudelsorten wie Penne, Maccheroni oder Orecchiette verwenden.*

Orecchiette mit Gemüse-Safransauce

FÜR 4 PERSONEN

Zutaten

250 g	Gemüse (Karotten, Zucchini, Petersilienwurzel, Mangoldstiele)
1	kleine Zwiebel
1	Knoblauchzehe
40 ml	Olivenöl
	Salz
	Pfeffer aus der Mühle
1 TL	Safranfäden oder 1 Päckchen Safranpulver
80 g	kalte Butter

Weiteres

320 g	Orecchiette
30 g	Parmesan, gerieben
	Bohnenkraut oder Estragon zum Garnieren

Zubereitung

- Gemüse putzen, waschen und in Streifen schneiden.
- Zwiebel und Knoblauch schälen und fein schneiden.
- In einem Topf Wasser mit etwas Salz zum Kochen bringen und die Nudeln hineingeben, öfters umrühren und nach Packungsanweisung bissfest kochen.
- Olivenöl in eine Pfanne geben, erhitzen, Zwiebelwürfel anschwitzen, Knoblauch und Gemüse mitdünsten.
- Mit etwas Nudelkochwasser auffüllen, mit Salz, Pfeffer und Safran würzen, etwas einkochen lassen und mit kalter Butter verfeinern.
- Nudeln abseihen und zur Gemüse-Safransauce geben, gut vermischen, mit Parmesan und Bohnenkraut garnieren und servieren.

Gemüse-Safransauce: etwa 5 Minuten
Orecchiette: siehe Packungsanweisung

Weißer Nudelteig

FÜR 300 G TEIG

Zutaten

200 g	Mehl
100 ml	Wasser
1 EL	Olivenöl
	Salz

Zubereitung

- Mehl mit Wasser, Olivenöl, Salz vermischen und auf einem Tisch oder Nudelbrett zu einem geschmeidigen, festen Teig verkneten. Mit Klarsichtfolie zugedeckt 1 Stunde ruhen lassen.

TIPPS

1. *Sollte die Sauce zu dünnflüssig sein, können Sie sie mit Speisestärke (angerührt in etwas kaltem Wasser oder Weißwein) binden.*
2. *Sie können die Nudeln auch selber machen, verwenden Sie dafür den weißen Nudelteig.*

Brennnesselnudeln mit Spargelsauce

Für 4 Personen

Brennnesselnudeln

400 g	mehlige Kartoffeln (in der Schale gekocht)
50 g	Brennnesselpüree (Brennnesseln, gekocht und fein passiert)
1	Eigelb
1 EL	weiche Butter
150 g	Mehl
	Salz
1 Msp.	Muskatnuss

Spargelsauce

200 g	weißer Spargel
40 g	Butter
200 ml	Sahne
	Salz
	Pfeffer aus der Mühle

Weiteres

30 g	Parmesan, gerieben
	Brennnesselblätter zum Garnieren

Brennnesselnudeln: etwa 2 Minuten
Spargelsauce: etwa 5 Minuten

Brennnesselnudeln

(siehe Schritt-für-Schritt-Fotos auf der vorderen Umschlag-Innenseite)

- Kartoffeln durch die Kartoffelpresse drücken, mit Brennnesselpüree, Eigelb und weicher Butter verkneten, dann erkalten lassen.
- Mehl, Salz und Muskatnuss unter die Kartoffelmasse kneten.
- Aus dem Teig rasch gleich dicke Stränge (1 cm Ø) formen, diese in etwa 2 cm lange Stücke schneiden und zu dünnen, etwa 6 cm langen Nudeln formen.

Spargelsauce

- Spargel schälen, die holzigen Enden wegschneiden und in Rauten (schräge Scheiben) schneiden.
- Butter schmelzen lassen, Spargel darin dünsten, Sahne dazugeben und auf die Hälfte einkochen lassen, salzen und pfeffern.

Fertigstellung

- Brennnesselnudeln in Salzwasser einmal aufkochen lassen, mit der Schaumkelle herausnehmen, in die Spargelsauce geben und durchschwenken.
- Mit Parmesan bestreuen, mit Brennnesselblättern garnieren und servieren.

Variation

Bärlauchnudeln: Verwenden Sie anstelle der Brennnesseln Bärlauch.

Tipps

1. *Anstelle von Spargel können Sie auch Tomaten, Zucchini oder andere Gemüsesorten verwenden.*
2. *Um die Brennnesseln leichter pürieren zu können, geben Sie etwas kaltes Wasser dazu. Anschließend geben Sie das Püree auf ein Passiertuch und lassen es gut abtropfen.*

Fusilli mit Radicchio

FÜR 4 PERSONEN

Zutaten

200 g	Radicchio trevigiano
1	kleine Zwiebel
1	Knoblauchzehe
2 EL	Olivenöl
150 g	Salsiccia (Schweinswürstchen), in Stücke geschnitten
2 EL	Portwein
50 ml	kräftiger Rotwein (Barolo, Merlot)
	Salz
	Pfeffer aus der Mühle
2 EL	kalte Butter

Weiteres

280 g	Fusilli
30 g	Parmesan, gerieben
	Schnittlauch, fein geschnitten

Radicchiosauce: etwa 10 Minuten
Fusilli: siehe Packungsanweisung

Zubereitung

- Radicchio putzen, waschen, in Streifen schneiden und 10 Minuten in lauwarmes Wasser legen.
- Zwiebel und Knoblauch schälen, fein schneiden und in einer Pfanne mit Olivenöl anschwitzen.
- Salsiccia-Stücke dazugeben und mitdünsten.
- Geschnittenen Radicchio aus dem Wasser nehmen, zu den Zwiebeln geben und ebenfalls anschwitzen, mit Portwein und Rotwein aufgießen und weich dünsten, bis die Flüssigkeit fast vollständig eingekocht ist.
- Mit Salz und Pfeffer würzen und mit kalter Butter verfeinern.

Fertigstellung

- Fusilli in reichlich Salzwasser nach Packungsanweisung bissfest kochen.
- Nudeln abseihen und in der Radicchiosauce schwenken.
- Auf Tellern anrichten, mit Parmesan und Schnittlauch bestreuen und servieren.

TIPPS

1. *Sie können den Portwein auch weglassen.*
2. *Verwenden Sie anstelle von Salsiccia Bauchspeck.*
3. *Neben dem Radicchio trevigiano eignen sich auch andere Radicchiosorten: Radicchio di Chioggia, Radicchio Rosso di Verona, Radicchio di Treviso, Radicchio Lucia.*
4. *Anstelle von Parmesan können Sie auch Pecorino verwenden.*

Garganelli mit Grillgemüse

FÜR 4 PERSONEN

Zutaten

400 g	Gemüse (Peperoni, Zucchini, Melanzane, Tomaten)
100 g	Olivenöl
1	Knoblauchzehe, fein gehackt
1	getrockneter Peperoncino, fein zerrieben
	Salz
1 EL	Petersilie, fein geschnitten
1 EL	Basilikum, fein geschnitten
40 g	kalte Butter

Weiteres

320 g	Garganelli
4	Basilikumblätter zum Garnieren

Gemüse: etwa 3 Minuten
Sauce: etwa 4 Minuten
Garganelli: siehe Packungsanweisung

Zubereitung

- Gemüse putzen, waschen, in Scheiben schneiden und auf dem Grill etwa 3 Minuten grillen.
- Grillgemüse in Streifen schneiden.
- In einem Topf Wasser mit etwas Salz zum Kochen bringen und die Nudeln hineingeben, öfters umrühren und nach Packungsanweisung bissfest kochen.
- Olivenöl in eine Pfanne geben, erhitzen, Knoblauch kurz anschwitzen, Grillgemüse dazugeben und kurz rösten. Zum Schluss mit etwas Nudelkochwasser aufgießen.
- Mit Peperoncino, Salz, Petersilie und Basilikum würzen, etwas einkochen lassen und mit Butter verfeinern.
- Gekochte Garganelli abseihen, zum Grillgemüse dazugeben, mit Salz nachwürzen, mit Basilikumblättern garnieren und servieren.

TIPPS

1. *Folgende Nudelsorten können Sie für diese Sauce verwenden: Maccheroni, Orecchiette, Spaghetti.*
2. *Sie können zu den Garganelli auch Speckscheiben oder Rohschinken servieren.*
3. *Zu diesem Nudelgericht passt gebratener Seeteufel besonders gut.*
4. *Sie können die Nudeln auch mit Pecorino verfeinern.*

Fettuccine mit Artischocken

FÜR 4 PERSONEN

Zutaten

4	Artischocken
50 g	Zwiebeln
1	Knoblauchzehe
2 EL	Olivenöl
50 ml	Weißwein
200 ml	Gemüsebrühe oder Wasser
	Salz
	Pfeffer aus der Mühle
1 EL	Schnittlauch, fein geschnitten
60 g	kalte Butter

Weiteres

300 g	Fettuccine
30 g	Parmesan, gerieben
	Erbsensprossen zum Garnieren

Artischockensauce: etwa 10 Minuten

Fettuccine: siehe Packungsanweisung

Zubereitung

- Die holzigen Artischockenstiele aus den Blütenböden herausbrechen, zwei Drittel der Hüllblätter mit einem Sägemesser wegschneiden. Die noch verbliebenen Hüllblätter rund um den Blütenboden lassen sich nun leicht mit einen kleinen Messer entfernen. Dabei kommt das sogenannte Heu zum Vorschein.
- Mit einem kleinen, scharfen Gemüsemesser die Artischockenböden von den verbliebenen Blattansätzen und harten Stellen an der Unterseite befreien.
- Das faserige, ungenießbare Heu im Inneren der Böden lässt sich am besten mit einem Kugelausstecher oder einem scharfkantigen Teelöffel herausnehmen. Artischocken in Viertel oder Sechstel schneiden.
- Zwiebeln und Knoblauch schälen, fein schneiden und in einer Pfanne mit Olivenöl anschwitzen.
- Artischocken zu den Zwiebeln geben und ebenfalls anschwitzen, mit Weißwein und Gemüsebrühe aufgießen und weich dünsten, bis die Flüssigkeit fast vollständig eingekocht ist.
- Mit Salz, Pfeffer und Schnittlauch würzen und mit kalter Butter verfeinern.

Fertigstellung

- Fettuccine in reichlich Salzwasser nach Packungsanweisung bissfest kochen, abseihen und in der Artischockensauce schwenken.
- Nudeln auf Tellern anrichten, mit Parmesan verfeinern und mit Erbsensprossen garnieren und servieren.

TIPPS

1. *Folgende Nudelsorten können Sie für diese Sauce verwenden: Maccheroni, Orecchiette, Spaghetti.*
2. *Zu diesem Nudelgericht passen gebratene Garnelen oder Jakobsmuscheln besonders gut.*
3. *Sie können die Fettucine auch selber machen. Verwenden Sie dazu Spinat-, Tomaten- oder Buchweizennudelteig (siehe Seite 84).*

Spaghettini mit frischen Tomaten

FÜR 4 PERSONEN

Zutaten

- 500 g Tomaten
- 50 g Schalotten oder Zwiebeln
- 50 g Butter
- 1 TL Oregano
- Salz
- Pfeffer aus der Mühle

Weiteres

- 320 g Spaghettini
- 2 EL zerlassene Butter
- Parmesan, gerieben
- 12 Basilikumblätter

Tomaten häuten: etwa 10 Sekunden

Tomatenwürfel: etwa 3 Minuten

Spaghettini: siehe Packungsanweisung

Zubereitung

- Tomaten waschen, die Haut mit einem kleinen Messer einritzen und kurz ins kochende Wasser geben.
- Dann sofort in kaltes Wasser oder Eiswasser tauchen (abfrischen).
- Die Haut mit einem kleinen Messer abziehen. Tomaten vierteln, das Kerngehäuse herausschneiden und das Fruchtfleisch anschließend in kleine gleichmäßige Würfel schneiden.
- Schalotten in Butter anschwitzen, Tomatenwürfel dazugeben und etwa 3 Minuten dünsten lassen.
- Mit Oregano, Salz und Pfeffer würzen.

Fertigstellung

- Spaghettini in reichlich Salzwasser nach Packungsanweisung bissfest kochen.
- Wasser abgießen und die Nudeln mit frischen Tomatenwürfeln auf Tellern anrichten.
- Zum Schluss mit zerlassener Butter und Parmesan verfeinern, mit Basilikumblättern garnieren und servieren.

TIPPS

1. *Wenn Sie eine »feine« Tomatensauce wünschen, so passieren Sie die Sauce durch eine Handpassiermaschine (Flotte Lotte) oder streichen Sie sie nach dem Pürieren durch ein Sieb.*
2. *Sind die Tomaten eher säuerlich, geben Sie ½ Teelöffel Zucker in die Sauce.*
3. *Sollte die Tomatensauce zu dünnflüssig sein, können Sie 1 Esslöffel Brotbrösel in die fertige Sauce einrühren.*
4. *Diese einfache Sauce, die in der italienischen Küche vielseitig eingesetzt wird, dient unter anderem als Grundlage für andere Saucen oder auch für Lasagne.*

Castellane mit Bohnen und Sopressa

FÜR 4 PERSONEN

Zutaten

40 ml	Olivenöl
1	Knoblauchzehe, fein gehackt
100 g	Risina-Bohnen oder Cannellini-Bohnen (in kaltem Wasser 2 Stunden gequollen)
	Salz
1 l	Wasser
40 g	kalte Butter
	Pfeffer aus der Mühle

Weiteres

320 g	Castellane
80 g	Sopressa, in feine Streifen geschnitten
1 EL	Bohnenkraut oder Estragon, fein geschnitten
1 EL	Petersilie, fein geschnitten

Sauce: etwa 35 Minuten
Castellane: siehe Packungsanweisung

Zubereitung

- Olivenöl in eine Pfanne geben, erhitzen und Knoblauch darin anschwitzen.
- Bohnen dazugeben, leicht salzen, Wasser aufgießen und zugedeckt auf kleiner Flamme weich dünsten.
- In einem Topf Wasser mit etwas Salz zum Kochen bringen und die Nudeln hineingeben, öfters umrühren und nach Packungsanweisung bissfest kochen.
- Nudeln abseihen und gut abtropfen lassen.
- Bohnensauce mit kalter Butter verfeinern und mit Pfeffer würzen. Nudeln dazugeben und vermischen.
- Eventuell nochmals mit Salz und Pfeffer nachwürzen und mit Sopressa, Bohnenkraut und Petersilie servieren.

TIPPS

1. *Folgende Nudelsorten können Sie für dieses Gericht ebenfalls verwenden: Bavette, Spaghetti, Maccheroni, Orecchiette.*
2. *Anstelle der Risina-Bohnen können Sie Saubohnen oder Erbsen nehmen.*
3. *Verwenden Sie statt Sopressa Rohschinken oder Speck.*

Spaghetti alla chitarra mit geschmortem Ossobuco

FÜR 4 PERSONEN

Zutaten

700 g	Ossobuco (Kalbsbeinscheiben)
	Salz
	Pfeffer aus der Mühle
20 g	Karotten
20 g	Stangensellerie
40 g	Zwiebeln
20 ml	Öl
½ EL	Tomatenmark
125 ml	Rotwein
250 ml	Kalbsbrühe oder Wasser
1	Rosmarinzweig
1	Thymianzweig
1	Salbeiblatt
½	Knoblauchzehe, fein gehackt
2	getrocknete Steinpilzscheiben

Weiteres

320 g	Eiernudelteig (siehe Seite 84)
2 EL	Kräuteröl (1 TL Knoblauch, fein gehackt; 1 Msp. Zitronenschale, gerieben; 1 EL Petersilie, fein geschnitten; mit 50 ml Olivenöl vermischt)
	Fenchelgrün zum Garnieren

Ossobuco: etwa 1 ½ Stunden
Spaghetti: etwa 2 Minuten

Zubereitung

- Ossobuco mit Salz und Pfeffer würzen, in einer heißen Pfanne auf beiden Seiten anbraten und bereitstellen.
- Karotten, Stangensellerie und Zwiebel putzen, in kleine Würfel schneiden und in Öl anschwitzen.
- Tomatenmark dazugeben und mitrösten, bis die gewünschte Farbe entsteht.
- Mit Rotwein ablöschen (immer in kleinen Mengen zugeben), um die Farbe und den Geschmack noch zu verstärken.
- Ossobuco dazugeben, mit Kalbsbrühe aufgießen und zugedeckt langsam köcheln lassen. Kurz vor Ende der Garzeit Rosmarin, Thymian, Salbei, Knoblauch und Steinpilze hinzufügen, mit Salz und Pfeffer abschmecken und fertig garen.

Fertigstellung

- Eiernudelteig dünn ausrollen und aus den Teigbahnen 2 mm breite und 20 cm lange Spaghetti alla chitarra abschneiden.
- Spaghetti alla chitarra in reichlich Salzwasser bissfest kochen, das Wasser abgießen und die Nudeln mit einer Gabel zu Nestern aufdrehen. Auf vorgewärmte Teller setzen.
- Ossobuco vom Knochen lösen, mit Sauce und Kräuteröl beträufeln und neben den Nudeln anrichten. Mit etwas Fenchelgrün garnieren und servieren.

TIPPS

1. *Die Kräuter kann man leichter entfernen, wenn man sie zu einem Bündel zusammenbindet und in die Sauce gibt.*
2. *Sie können auch Spinat-, Tomaten- oder Buchweizennudelteig (siehe Seite 84) verwenden.*

Spaghetti mit Bologneser Sauce

FÜR 4 PERSONEN

Bologneser Sauce

- 200 g Rindfleisch (Schulter)
- 100 g Schweinefleisch (Schulter)
- 20 g Karotten, in kleine Würfel geschnitten
- 20 g Stangensellerie, in kleine Würfel geschnitten
- 40 g Zwiebeln, in kleine Würfel geschnitten
- 20 ml Öl
- 1 EL Tomatenmark
- 125 ml Rotwein
- 250 ml Wasser
- 100 g Tomaten, geschält und in Würfel geschnitten oder Tomaten aus der Dose
- 1 Rosmarinzweig
- 1 Salbeiblatt
- ½ Knoblauchzehe, fein gehackt
- 2 Scheiben getrocknete Steinpilze, in Wasser eingeweicht und fein geschnitten
- Salz
- Pfeffer aus der Mühle

Weiteres

- 320 g Spaghetti
- 2 EL Parmesan
- 4 Butterrollen
- 1 EL Petersilie, fein geschnitten

Bologneser Sauce

- Rind- und Schweinefleisch grob faschieren.
- Karotten-, Stangensellerie- und Zwiebelwürfel in einer Pfanne mit Öl anschwitzen, Fleisch dazugeben und mitdünsten, bis die ganze Flüssigkeit verdunstet ist.
- Tomatenmark dazugeben und mitrösten, bis die gewünschte dunkle Farbe entstanden ist.
- Nach und nach mit Rotwein ablöschen, um die Farbe und den Geschmack noch zu verstärken.
- Wasser und Tomaten dazugeben und die Sauce etwa 1 Stunde langsam köcheln lassen.
- Kurz vor Ende der Garzeit Würzmittel (Rosmarin, Salbei, Knoblauch) und Pilze hinzugeben, mit Salz und Pfeffer abschmecken und die Sauce fertig garen.

Fertigstellung

- In einem Topf Wasser mit etwas Salz zum Kochen bringen und die Nudeln hineingeben, öfters umrühren und nach Packungsanweisung bissfest kochen.
- Nudeln abseihen und gut abtropfen lassen, auf Tellern anrichten und mit Bologneser Sauce, Parmesan, Butterrollen und Petersilie servieren.

Bologneser Sauce: etwa 1 Stunde
Spaghetti: siehe Packungsanweisung

TIPPS

1. *Damit die Gewürze nicht in der Sauce schwimmen, kann man sie in ein Tüchlein oder in ein Lauchblatt einbinden bzw. in einen Teefilter geben.*
2. *Sollte die Sauce zu flüssig sein, können Sie sie mit in kaltem Wasser angerührter Speisestärke binden.*
3. *Die Bologneser Sauce lässt sich gut einfrieren.*

Penne all'amatriciana

Für 4 Personen

Zutaten

- 100 g Bauchspeck (Pancetta)
- 100 g Zwiebeln
- 50 ml Olivenöl
- 250 g Tomatenwürfel
- 1 kleines Lorbeerblatt
- Salz
- Pfeffer aus der Mühle
- 1 kleiner getrockneter Peperoncino
- 1 Knoblauchzehe, fein gehackt
- 1 EL Petersilie

Weiteres

- 320 g Penne
- 4 Basilikumblätter zum Garnieren

Sauce: etwa 15 Minuten
Penne: siehe Packungsanweisung

Zubereitung

- Bauchspeck in Streifen schneiden.
- Zwiebeln schälen, halbieren und ebenfalls in Streifen schneiden.
- Zwiebeln in einer Pfanne mit Olivenöl anbraten, Bauchspeck dazugeben und mitbraten.
- Tomatenwürfel und Lorbeerblatt dazugeben, mit Salz, Pfeffer und Peperoncino würzen und kochen lassen.
- Kurz vor Ende der Garzeit den klein gehackten Knoblauch dazugeben.
- Petersilie waschen, fein schneiden und zum Schluss hinzufügen.
- In einem Topf Wasser mit etwas Salz zum Kochen bringen und die Nudeln hineingeben, öfters umrühren und nach Packungsanweisung bissfest kochen.
- Nudeln abseihen und gut abtropfen lassen, mit der Sauce vermischen, auf Tellern anrichten, mit Basilikumblättern garnieren und servieren.

TIPPS

1. *Man kann die Sauce mit Kerbel und Oregano abschmecken.*
2. *Anstelle der Tomatenwürfel können Sie auch Tomatenstückchen aus der Dose verwenden.*
3. *Folgende Nudelsorten können Sie für diese Sauce verwenden: Maccheroni, Orecchiette, Bucatini.*
4. *Anstelle des Bauchspecks können Sie auch normalen Speck oder Wangenspeck verwenden.*

Schüttelbrotbandnudeln mit Selchkarree und Kren

FÜR 4 PERSONEN

Schüttelbrotbandnudeln

- 50 g Schüttelbrot, fein gerieben
- 250 g Mehl
- 3 Eier
- 1 TL Olivenöl
- Salz

Weiteres

- 200 ml Fleischsuppe oder Nudelkochwasser
- 2 EL kalte Butter
- 1 EL Schnittlauch, fein geschnitten
- 200 g gebratenes Selchkarre (Kassler), in Streifen geschnitten
- 1 EL Kren, in feine Streifen geschnitten
- 4 gebratene Selchkarreescheiben

Schüttelbrotbandnudeln: etwa 5 Minuten

Sauce: etwa 8 Minuten

Schüttelbrotbandnudeln

- Schüttelbrot und Mehl mit Eiern, Olivenöl und Salz auf einem Tisch oder Nudelbrett zu einem geschmeidigen, festen Teig verkneten und etwa 20 Minuten ruhen lassen.
- Den Teig mit der Maschine ausrollen und mit dem Aufsatz der Nudelmaschine oder mit der Hand zu Bandnudeln schneiden.

Fertigstellung

- Fleischsuppe auf die Hälfte einkochen lassen, mit kalter Butter, Schnittlauch und Selchkarreestreifen verfeinern.
- Schüttelbrotbandnudeln in reichlich Salzwasser kochen und in der heißen Butter-Schnittlauch-Selchkarreesauce schwenken.
- Nudeln mit Krenstreifen bestreuen und mit Selchkarreescheiben servieren.

TIPPS

1. *Servieren Sie zu den Schüttelbrotbandnudeln einen Krautsalat.*
2. *Anstelle der Schüttelbrotbandnudeln können Sie auch Spinat- oder Buchweizennudeln (siehe Seite 84) verwenden.*
3. *Sie können auch die Schüttelbrotbandnudeln (Fertigprodukt) vom So-kocht-Südtirol-Team verwenden.*
4. *Zu den Bandnudeln passen auch sehr gut ein Wildragout oder nur Schnittlauchbutter und Graukäse.*

Mezze maniche mit Gorgonzolasauce

FÜR 4 PERSONEN

Zutaten

20 g	Butter
1	Knoblauchzehe, fein gehackt
200 g	Gorgonzola
200 ml	Sahne
	Salz
	Pfeffer aus der Mühle

Weiteres

320 g	Mezze maniche
1 TL	Schnittlauch, fein geschnitten
8	Schnittlauchspitzen zum Garnieren
50 g	Amaretti-Kekse, zerbröckelt
1 EL	alter Balsamicoessig zum Garnieren

Gorgonzolasauce: etwa 5 Minuten

Mezze maniche: siehe Packungsanweisung

Zubereitung

- Butter in einem Topf schmelzen lassen und Knoblauch darin dünsten.
- Gorgonzola in Stücke schneiden, zusammen mit Sahne in den Topf geben und schmelzen lassen.
- Wenn die Sauce cremig ist, vorsichtig salzen und pfeffern, da der Käse schon würzig ist.
- In einem Topf Wasser mit etwas Salz zum Kochen bringen und die Nudeln hineingeben, öfters umrühren und nach Packungsanweisung bissfest kochen.
- Nudeln abseihen und gut abtropfen lassen.
- Mezze maniche mit der Sauce vermischen, Schnittlauch dazugeben, eventuell nochmals mit Salz und Pfeffer nachwürzen.
- Nudeln auf Teller geben, mit Schnittlauchspitzen und zerbröckelten Amaretti-Keksen anrichten und mit Balsamicoessig garniert servieren.

TIPPS

1. *In die Sauce können Sie zum Schluss auch etwas geschnittene Gartenkresse geben.*
2. *Diese Sauce passt sehr gut zu Bandnudeln oder Gnocchi (Kartoffelnocken).*

Pappardelle, gefüllt mit Almkäse-Fonduta

FÜR 4 PERSONEN

Zutaten

50 g	Schalotten oder Zwiebeln
1	Knoblauchzehe, fein gehackt
50 g	Butter
200 g	Almkäse, gerieben
100 ml	Sahne
1 EL	braune Butter
2 EL	Parmesan, gerieben
	Salz
	Pfeffer aus der Mühle

Weiteres

150 g	Eiernudelteig (siehe Seite 84)
1 EL	Schnittlauch, fein geschnitten
2 EL	Parmesan, gerieben
2 EL	braune Butter
	Schnittlauchhalme zum Garnieren

Almkäse-Fonduta: etwa 8 Minuten

Gefüllte Pappardelle: etwa 4 Minuten

Zubereitung

- Schalotten schälen, in kleine Würfel schneiden und mit Knoblauch in einer Pfanne mit Butter anschwitzen.
- Almkäse und Sahne dazugeben und aufkochen lassen, bis der Käse geschmolzen ist.
- Braune Butter und Parmesan dazugeben, mit Salz und Pfeffer würzen, dann die Fonduta erkalten lassen.
- Eiernudelteig mit der Nudelmaschine dünn ausrollen, die Almkäse-Fonduta mithilfe eines Spritzsackes (5 mm große, runde Tülle) auf die Teigblätter aufspritzen (10 cm lange Stränge). Ein zweites Blatt darauflegen, fest andrücken und 12 cm lange und 3 cm breite Pappardelle abschneiden, an den Seiten gut zusammendrücken und in Salzwasser kochen.
- Gekochte Pappardelle auf Tellern anrichten, mit Schnittlauch und Parmesan bestreuen, mit brauner Butter übergießen, mit Schnittlauchhalmen garnieren und servieren.

TIPPS

1. *Anstelle des Eiernudelteigs können Sie einen Spinat- oder Buchweizennudelteig (siehe Seite 84) verwenden.*
2. *Sie können auch gerösteten Speck zu den gefüllten Pappardelle reichen.*

Spaghetti alla carbonara mit Zucchini

FÜR 4 PERSONEN

Zutaten

320 g	Spaghetti
200 g	Zucchini
1 EL	Butter
200 ml	Sahne
3	Eigelb
2 EL	Parmesan, gerieben
	Salz

Weiteres

rosa Pfefferkörner, zerrieben
Kerbelblätter zum Garnieren

Sauce: etwa 2 Minuten
Spaghetti: siehe Packungsanweisung

Zubereitung

- Spaghetti in reichlich Salzwasser nach Packungsanweisung bissfest kochen.
- Zucchini in Streifen schneiden und in einer Pfanne mit Butter leicht anbraten.
- Sahne mit Eigelb, Parmesan und Salz verrühren.
- Gekochte Spaghetti abseihen, abtropfen lassen und in die Pfanne zu den Zucchini geben.
- Die Sahne-Eigelb-Masse unterrühren und gut vermischen.
- Mit zerriebenem rosa Pfeffer und Kerbel bestreuen und sofort servieren.

VARIATION

Spagetti alla carbonara: Verwenden Sie statt der Zucchini Rohschinken.

TIPPS

1. *Als Beilage können Sie einen Blattsalat der Saison servieren.*
2. *Sie können anstelle des Rohschinkens auch Bauchspeck verwenden.*
3. *Sie können die rosa Pfefferkörner auch mit der Pfeffermühle mahlen.*

Casarecce mit Tomaten und Sahne

FÜR 4 PERSONEN

Zutaten

20 g	Butter
1	Knoblauchzehe, fein gehackt
200 g	Tomatensauce (siehe Seite 85)
100 ml	Sahne
	Salz
	Pfeffer aus der Mühle

Weiteres

320 g	Casarecce
2 EL	Parmesan, gerieben
50 ml	geschlagene Sahne zum Garnieren
1 TL	Oreganoblätter zum Garnieren

Sauce: etwa 4 Minuten
Casarecce: siehe Packungsanweisung

Zubereitung

- Butter in einem Topf schmelzen lassen und den Knoblauch darin dünsten.
- Tomatensauce und Sahne dazugeben und 2–3 Minuten einkochen lassen.
- Wenn die Sauce cremig ist, salzen und pfeffern.
- Casarecce in reichlich Salzwasser nach Packungsanweisung bissfest kochen, abseihen und gut abtropfen lassen.
- Nudeln in der Sauce schwenken, mit Parmesan verfeinern und mit geschlagener Sahne und Oreganoblättern garniert servieren.

VARIATIONEN

Casarecce mit Zucchini: Geben Sie anstelle der Sahne 300 g geröstete Zucchiniwürfel und 1 Esslöffel Salzkapern dazu.
Casarecce mit Melanzane: Anstelle der Sahne geben Sie 300 g gegrillte Melanzanescheiben und 2 gehackte Sardellenfilets in die Sauce.

TIPPS

1. *In die Sauce können Sie zum Schluss auch 1 Esslöffel Basilikumpesto (siehe Seite 58) geben.*
2. *Diese Sauce eignet sich auch für Spaghetti, Bandnudeln, Tortellini, Gnocchi (Kartoffelnocken).*
3. *Anstelle der Tomatensauce können Sie auch frische Tomaten verwenden.*

Bucatini mit Basilikumpesto

FÜR 4 PERSONEN

Basilikumpesto

40 g	Basilikumblätter
20 g	Petersilienblätter
120 ml	Olivenöl
1 EL	Pinoli
½	Knoblauchzehe, fein gehackt
	Salz
	Pfeffer aus der Mühle
2	Tropfen Tabasco
1 EL	Parmesan, gerieben

Weiteres

320 g	Bucatini
2 EL	getrocknete Tomaten, in Streifen geschnitten
2 EL	schwarze Oliven
8	gebratene Garnelen
4	Basilikumherzen zum Garnieren

Bucatini: siehe Packungsanweisung

Basilikumpesto

- Basilikum- und Petersilienblätter waschen und mit Küchenkrepp trocken tupfen.
- Mit Olivenöl, Pinoli und Knoblauch in einem Mixer fein pürieren.
- Pesto mit Salz, Pfeffer, Tabasco und geriebenem Parmesan abschmecken.

Fertigstellung

- In einem Topf Wasser mit etwas Salz zum Kochen bringen und die Nudeln hineingeben, öfters umrühren und nach Packungsanweisung bissfest kochen.
- Nudeln abseihen und gut abtropfen lassen, mit etwas Kochwasser und Basilikumpesto vermischen.
- Auf Tellern anrichten, mit getrockneten Tomaten und Oliven bestreuen, mit Basilikumherzen und gebratenen Garnelen garnieren und servieren.

TIPPS

1. *Folgende Nudelsorten können Sie für diese Sauce verwenden: Bavette, Spaghetti, Maccheroni, Orecchiette.*
2. *Sie können die Nudeln auch ohne Tomaten und Oliven servieren.*

Bigoli mit Pfifferlingen

FÜR 4 PERSONEN

Zutaten

200 g	Pfifferlinge
50 g	Zwiebeln, fein geschnitten
½	Knoblauchzehe, fein gehackt
80 ml	Olivenöl
100 ml	Gemüsebrühe oder Wasser
	Salz
	Pfeffer aus der Mühle
1 EL	Petersilie, fein geschnitten
1 TL	Thymian, fein geschnitten
50 g	kalte Butter

Weiteres

320 g	Bigoli
	Zitronenthymian zum Garnieren
1 EL	Basilikumpesto, fein gemixt zum Garnieren (siehe Seite 58)

Pfifferlingsauce: etwa 10 Minuten

Bigoli: siehe Packungsanweisung

Zubereitung

- Pfifferlinge putzen, blättrig reißen oder würfelig schneiden.
- Zwiebel- und Knoblauchwürfel in einer Pfanne mit Olivenöl anschwitzen.
- Pfifferlinge dazugeben, kurz dünsten lassen, bis die Flüssigkeit eingekocht ist.
- Mit Gemüsebrühe aufgießen und mit Salz und Pfeffer würzen.
- Petersilie und Thymian zur Pfifferlingsauce geben.
- Nochmals kurz aufkochen lassen und die kalte Butter einrühren.
- In einem Topf Wasser mit etwas Salz zum Kochen bringen und die Nudeln hineingeben, öfters umrühren und nach Packungsanweisung bissfest kochen.
- Nudeln abseihen und gut abtropfen lassen.
- Pfifferlingsauce erhitzen, die gekochten Nudeln dazugeben, mit Salz nachwürzen und gut vermischen.
- Auf Tellern anrichten und mit Zitronenthymian und Basilikumpesto garniert servieren.

TIPPS

1. *Sie können anstelle der Pfifferlinge Steinpilze, Champignons oder Shiitakepilze nehmen.*
2. *Servieren Sie diese Sauce auch mit Gnocchi (Kartoffelnocken), Pappardelle oder Fettuccine.*
3. *Sie können die Nudeln auch selber machen. Verwenden Sie dafür den weißen Nudelteig (siehe Seite 28).*

Gemüselasagne

FÜR 4 PERSONEN

Zutaten

- 150 g Eiernudelteig (siehe Seite 84)
- 400 g Gemüse (Melanzane, Zucchini, Lauch, Peperoni usw.)
- 1 Knoblauchzehe, fein gehackt
- 2 EL Olivenöl
- Salz
- Pfeffer aus der Mühle

Weiteres

- 1 EL zerlassene Butter zum Ausstreichen der Form
- 500 ml Béchamelsauce (siehe Seite 85)
- 150 g Tomatenscheiben oder Tomatensauce (siehe Seite 85)
- 30 g Parmesan, gerieben
- zerlassene Butter
- 1 EL Kräuteröl (gehackte Petersilie, Basilikum, Knoblauch und Olivenöl gemixt) zum Garnieren

Zubereitung

- Eiernudelteig mit der Nudelmaschine dünn ausrollen und zu 4 x 6 cm großen Lasagneblättern schneiden.
- Teigblätter bissfest kochen, mit dem Schaumlöffel in kaltes Wasser geben, auskühlen und dann auf einem Küchenkrepp abtropfen lassen.
- Gemüse putzen, waschen und in dünne Scheiben schneiden.
- In einer flachen Pfanne Knoblauch in Olivenöl leicht anschwitzen. Gemüse dazugeben, kurz mitdünsten und mit Salz und Pfeffer würzen.
- Eine feuerfeste Form (Cocotte) mit Butter ausstreichen und abwechselnd Teigblätter, Béchamelsauce, Gemüsescheiben und Tomaten hineinschichten.
- Zum Schluss mit Parmesan bestreuen und mit Butter beträufeln.
- Im vorgeheizten Backofen garen.
- Vor dem Servieren die Lasagne etwas ruhen lassen, mit Kräuteröl beträufeln, portionieren und servieren.

VARIATION

Lasagne alla bolognese: Verwenden Sie anstelle des Gemüses Bologneser Sauce (siehe Seite 44).

Eiernudelteigblätter: etwa 2 Minuten
Gemüse: etwa 5 Minuten
Lasagne: etwa 180 Grad
Lasagne: etwa 25 Minuten

TIPPS

1. *Sie können auch Spinat- oder Tomatennudelteigblätter (siehe Seite 84) verwenden.*
2. *Für die Lasagne eignen sich auch andere Gemüsesorten wie Karotten, Sellerie, Mangold, Spinat oder Artischocken.*

Kartoffel-Kürbisteigtaschen

FÜR 4 PERSONEN

Kartoffelteig

- 300 g mehlige Kartoffeln (in der Schale gekocht)
- 1 Eigelb
- 100 g Mehl
- 1 Msp. Muskatnuss
- Salz

Kürbisfüllung

- 1 Knoblauchzehe, fein gehackt
- 30 g Butter
- 400 g Kürbiswürfel
- 20 g Weißbrotbrösel
- 50 g Parmesan, gerieben
- 1 TL Thymian, fein geschnitten
- Salz
- Pfeffer aus der Mühle

Weiteres

- 200 g Kürbiskerne, grob gehackt zum Garnieren
- 1 EL alter Balsamicoessig zum Garnieren

Kürbisfüllung: etwa 10 Minuten

Teigtaschen: etwa 6 Minuten

Kartoffelteig

- Gekochte Kartoffeln schälen, fein passieren und mit Eigelb vermischen.
- Mehl, Muskatnuss und Salz dazugeben und zu einem geschmeidigen Teig verkneten.

Kürbisfüllung

- Knoblauch in einer Pfanne mit Butter anschwitzen, Kürbiswürfel dazugeben und kurz mitdünsten.
- Kürbis in der Moulinette pürieren, mit Weißbrotbröseln und Parmesan binden.
- Mit Thymian, Salz und Pfeffer würzen, dann die Füllung erkalten lassen.

Fertigstellung

- Kartoffelteig dünn ausrollen, Kreise ausstechen und Kürbisfüllung daraufgeben. Den Teigrand mit Wasser bestreichen, zu einem Halbmond zusammenlegen und gut verschließen.
- Teigtaschen in Salzwasser kochen, mit einem Schaumlöffel herausnehmen.
- Kartoffel-Kürbisteigtaschen auf Tellern anrichten, mit gehackten Kürbiskernen und Balsamicoessig garniert servieren.

TIPPS

1. *Sollte der Kartoffelteig nicht die richtige Konsistenz haben, geben Sie einfach noch etwas Mehl dazu.*
2. *Anstelle des Kartoffelteiges kann man auch einen Eiernudelteig (siehe Seite 84) verwenden.*
3. *Sie können die Kartoffel-Kürbisteigtaschen auch mit brauner Butter und Parmesan servieren.*

Spinatravioli mit Ricotta-Kräuterfüllung

FÜR 4 PERSONEN

Zutaten

50 g	Zwiebeln
1	Knoblauchzehe, fein gehackt
50 g	Butter
100 g	gekochte Kartoffeln, geraspelt
200 g	Ricotta
2 EL	Kräuter (Schnittlauch, Petersilie, Estragon, Basilikum), fein geschnitten
	Salz
	Pfeffer aus der Mühle

Weiteres

200 g	Spinatnudelteig (siehe Seite 84)
100 g	Parmesan, gerieben
4 EL	braune Butter

etwa 3 Minuten

Zubereitung

(siehe Schritt-für-Schritt-Fotos auf der vorderen Umschlag-Innenseite)

- Zwiebeln schälen, in kleine Würfel schneiden und mit Knoblauch in Butter anschwitzen.
- Kartoffeln, Ricotta und die fein geschnittenen Kräuter dazugeben und alles gut vermischen, mit Salz und Pfeffer würzen.
- Teig mit der Nudelmaschine dünn ausrollen, Ricotta-Kräuterfüllung daraufgeben, den Teigrand mit Wasser bestreichen, ein zweites Blatt darüberlegen, fest andrücken und mit dem Teigrad Ravioli ausschneiden.
- Ravioli in Salzwasser kochen und mit dem Schaumlöffel herausnehmen.
- Ravioli auf Tellern anrichten und mit Parmesan und brauner Butter servieren.

VARIATIONEN

Burrata-Ravioli: Verwenden Sie anstelle der Ricotta Burrata.

Stracchino-Ravioli: Statt Ricotta verwenden Sie Stracchino.

TIPPS

1. *Sie können statt des Spinatnudelteiges Kartoffel- (siehe Seite 64) oder Eiernudelteig (siehe Seite 84) verwenden.*
2. *Sie können die Spinatravioli mit Ricotta-Kräuterfüllung auch mit Tomatensauce (siehe Seite 85) servieren.*
3. *Servieren Sie zu den Ravioli gemischte Blattsalate.*
4. *Sie können in die braune Butter auch 4 Minzblätter geben.*
5. *Anstelle von Parmesan verwenden Sie Pecorino oder gereiften Almkäse.*

Ravioli mit Melanzanefüllung

FÜR 4 PERSONEN

Zutaten

- 50 g Zwiebeln, in kleine Würfel geschnitten
- 1 Knoblauchzehe, fein gehackt
- 50 g Butter
- 350 g Melanzane
- 1 EL Parmesan, gerieben
- Salz
- Pfeffer aus der Mühle

Weiteres

- 150 g Eiernudelteig (siehe Seite 84)
- 200 g Tomatensauce (siehe Seite 85)
- Salbeiblätter zum Garnieren
- 2 EL Parmesan, gerieben
- 2 EL braune Butter

Melanzanefüllung: etwa 6 Minuten

Ravioli: etwa 5 Minuten

Zubereitung

- Zwiebelwürfel und Knoblauch in einer Pfanne mit Butter anschwitzen.
- Melanzane schälen und in kleine Würfel schneiden, dazugeben und weich dünsten.
- Füllung etwas auskühlen lassen.
- Mit Parmesan vermischen und mit Salz und Pfeffer würzen.
- Eiernudelteig mit der Nudelmaschine dünn ausrollen, Melanzanefüllung daraufgeben, den Teigrand mit Wasser bestreichen, ein zweites Blatt darüberlegen, fest andrücken und runde Ravioli (4 cm Ø) ausstechen, dann die Ravioli nochmals an den Seiten zusammendrücken und in Salzwasser kochen.
- Ravioli mit heißer Tomatensauce auf Tellern anrichten, mit Salbei, Parmesan und brauner Butter garniert servieren.

TIPPS

1. *Statt Melanzane können Sie auch Zucchini oder Blumenkohl verwenden.*
2. *Sie können die Ravioli auch mit Kartoffelteig (siehe Seite 64) machen.*
3. *Sie können anstelle des Eiernudelteigs auch einen Spinat-, Tomaten- oder Buchweizennudelteig (siehe Seite 84) verwenden.*

Kartoffelcannelloni mit Radicchiofüllung

FÜR 4 PERSONEN

Zutaten

30g	Zwiebeln
20 g	Pancetta (Bauchspeck)
40 g	Butter
300 g	Radicchio trevigiano, in feine Streifen geschnitten
50 ml	Rotwein
100 g	Topfen (Quark)
1 TL	Petersilie, fein geschnitten
20 g	Parmesan, fein gerieben
	Salz
	Pfeffer aus der Mühle

Weiteres

150 g	Kartoffelteig (siehe Seite 64)
40 g	Parmesan, gerieben
	braune Butter
1 TL	Petersilie
8	kleine Radicchioblätter zum Garnieren

Radicchiofüllung: etwa 10 Minuten

Kartoffelcannelloni: etwa 8 Minuten

Zubereitung

- Für die Füllung Zwiebeln und Pancetta in feine Würfel schneiden und in einer Pfanne mit Butter anschwitzen.
- Radicchio dazugeben und mitdünsten. Mit Rotwein ablöschen und einkochen lassen.
- Topfen, Petersilie und Parmesan untermischen und mit Salz und Pfeffer würzen.
- Kartoffelteig dünn ausrollen und in 6 rechteckige Blätter (6 x 15 cm) schneiden, Füllung daraufgeben, Teigblätter aufrollen und die Enden gut verschließen.
- Cannelloni in Salzwasser kochen, mit einem Schaumlöffel herausnehmen.
- Cannelloni halbieren und auf Tellern anrichten. Mit Parmesan bestreuen und mit brauner Butter übergießen. Mit Petersilie und rohen Radicchioblättern garnieren und servieren.

TIPPS

1. *Sie können dieses Gericht auch ohne Pancetta zubereiten und Eiernudelteig (siehe Seite 84) verwenden.*
2. *Für die Füllung eignen sich auch Kürbis oder Artischocken. Allerdings sollten sie dann den Rotwein weglassen.*
3. *Sie können zu den Cannelloni auch gebratene Calamaretti oder Garnelen servieren.*

Käsecannelloni auf Tomatensauce

FÜR 4 PERSONEN

Zutaten

30 g	Butter
40 g	Mehl
250 ml	Milch
100 g	Käse (Fontina, Emmentaler, Bergkäse)
1	Eigelb
20 g	Parmesan, gerieben
½ TL	Paprikapulver
	Salz
	Pfeffer aus der Mühle

Weiteres

150 g	Eiernudelteig (siehe Seite 84)
	Mehl, Ei und Brotbrösel zum Panieren
	Backfett
200 ml	Tomatensauce (siehe Seite 85)
1 EL	Basilikumstreifen zum Garnieren
4	Basilikumherzen zum Garnieren

Käsefüllung: etwa 8 Minuten

Backfett: 170 Grad

Käsecannelloni: etwa 2 Minuten

Zubereitung

- Butter schmelzen lassen und Mehl einrühren. Mit Milch aufgießen und eine dicke Béchamelsauce kochen.
- Käse in kleine Würfel schneiden und zur Béchamelsauce geben. Gut verrühren, bis der Käse geschmolzen ist.
- Eigelb, Parmesan, Paprikapulver, Salz und Pfeffer dazugeben, gut vermischen und bereitstellen.
- Eiernudelteig dünn ausrollen und in 8 rechteckige Blätter (6 x 10 cm) schneiden.
- In Salzwasser kochen, in kaltem Wasser auskühlen lassen, dann trocken tupfen und auf eine Tischplatte legen.
- Mit einem Spritzsack (große Lochtülle) die noch lauwarme Füllung aufspritzen, den Teig mit der Füllung einrollen und erkalten lassen.
- Die Rollen in Mehl und Ei wälzen und mit Bröseln panieren, im heißen Fett schwimmend ausbacken.
- Mit Tomatensauce und Basilikumstreifen auf heißen Tellern anrichten, mit Basilikumherzen garnieren und servieren.

TIPPS

1. *Zu den Cannelloni kann man auch eine Gorgonzolasauce servieren.*
2. *Verwenden Sie anstelle des Eiernudelteigs gebackene Palatschinken (Crêpes).*
3. *Sie können zur Füllung auch frische Kräuter wie Schnittlauch, Kerbel und Majoran geben.*

Spaghetti mit Meeresfrüchten

FÜR 4 PERSONEN

Zutaten

200 g	Miesmuscheln in der Schale
200 g	Venusmuscheln in der Schale
40 ml	Olivenöl
1	Knoblauchzehe, fein gehackt
125 ml	Weißwein
200 g	Tintenfische, geputzt und in Streifen geschnitten
200 g	kleine Kraken (Moscardini), geputzt
200 g	Tomaten, in feine Würfel geschnitten
2 EL	Petersilie, fein geschnitten
	Salz
1	Peperoncino, fein geschnitten

Weiteres

320 g	Spaghetti
	Kerbel und Dill zum Garnieren

Sauce: etwa 10 Minuten
Spaghetti: siehe Packungsanweisung

Zubereitung

- Muscheln gründlich waschen und kontrollieren, ob alle Muscheln noch gut verschlossen sind; offene Muscheln wegwerfen.
- Miesmuscheln von den Byssusfäden befreien.
- Nun in einem flachen Kochtopf die Hälfte des Olivenöls erwärmen und Knoblauch leicht erhitzen. Muscheln dazugeben, mit Weißwein ablöschen und den Topf mit einem Deckel verschließen, bis sich die Muscheln öffnen (etwa 5 Minuten).
- Fleisch der Miesmuscheln aus den Muschelschalen lösen und mit dem Saft bereitstellen (wenn noch Sand im Saft ist, durch ein feines Tuch gießen).
- Restliches Olivenöl in eine Pfanne geben, Tintenfische und Kraken anbraten, Tomatenwürfel dazugeben. Mit Petersilie, Salz und Peperoncino würzen, dann Muscheln und Muschelsaft dazugeben.
- In einem Topf Wasser mit etwas Salz zum Kochen bringen und die Nudeln hineingeben, öfters umrühren und nach Packungsanweisung bissfest kochen.
- Spaghetti abseihen und gut abtropfen lassen.
- Mit der Meeresfrüchte-Sauce vermischen, mit Kerbel und Dill garnieren und servieren.

TIPPS

1. *Sie können auch Orecchiette und Bandnudeln verwenden.*
2. *Sie können auch andere Meeresfrüchte wie Scampi und Garnelen verwenden.*
3. *Die Meeresfrüchte gibt es beim Fischhändler schon geputzt, allerdings meist nur als Tiefkühlware.*

Farfalle mit Zucchinicreme und Calamaretti

Für 4 Personen

Zutaten

400 g	Zucchini
2 EL	Olivenöl
1	Knoblauchzehe, fein gehackt
1	Schalotte, fein geschnitten
200 ml	Wasser
	Salz
	Pfeffer aus der Mühle
50 ml	Olivenöl

Weiteres

320 g	Farfalle
3 EL	Olivenöl
400 g	Calamaretti, geputzt und in Ringe geschnitten
	Salz
	Pfeffer aus der Mühle
100 g	gebratene Zucchinischeiben
1 EL	Basilikumstreifen zum Garnieren

Zubereitung

- Zucchini putzen, waschen und das weiße Fruchtfleisch herausschneiden. Die grünen Schalen der Zucchini in kleine Würfel schneiden.
- In einer Pfanne Olivenöl erwärmen, Knoblauch und Schalotten darin anschwitzen, die gewürfelten Zucchini und Wasser dazugeben, salzen, pfeffern und weich dünsten.
- Im Cutter oder Mixer mit Olivenöl pürieren.
- In einem Topf Wasser mit etwas Salz zum Kochen bringen und die Nudeln hineingeben, öfters umrühren und nach Packungsanweisung bissfest kochen.
- Nudeln abseihen und gut abtropfen lassen.
- Olivenöl in einer Pfanne erhitzen, Calamaretti salzen und pfeffern, in die heiße Pfanne geben und kurz braten.
- Farfalle und gebratene Zucchinischeiben dazugeben und gut vermischen.
- Zucchinicreme auf Teller geben, die Nudeln darauf anrichten, mit Basilikumstreifen bestreuen und servieren.

Zucchinicreme: etwa 4 Minuten
Farfalle: siehe Packungsanweisung
Calamaretti: etwa 3 Minuten

TIPPS

1. *Achten Sie beim Braten darauf, dass die Calamaretti nicht zu stark angebraten werden, denn sie trocknen sehr schnell aus.*
2. *Anstelle der Zucchini können Sie Erbsen oder Saubohnen verwenden.*
3. *Möchten Sie die Nudeln würziger, dann reiben Sie ½ Peperoncino in die Sauce.*
4. *Auch Penne, Fusilli, Orecchiette oder Spaghetti eignen sich für dieses Gericht.*

Strigoli mit Thunfisch-Peperonisauce

FÜR 4 PERSONEN

Zutaten

120 g	Zwiebeln
1	Knoblauchzehe
50 ml	Olivenöl
250 g	gelbe und rote Peperoniwürfel
	Salz
200 ml	Gemüsebrühe oder Wasser
250 g	frische Thunfischwürfel oder Thunfisch aus der Dose

Weiteres

320 g	Strigoli
2 EL	Petersilie zum Garnieren
	Pfeffer aus der Mühle

Thunfisch-Peperonisauce: etwa 10 Minuten

Strigoli: siehe Packungsanweisung

Zubereitung

- Zwiebeln schälen und in Streifen schneiden.
- Knoblauchzehe ebenfalls schälen und fein hacken.
- Olivenöl in eine Pfanne geben, leicht erhitzen und darin Zwiebeln und Knoblauch anschwitzen.
- Gelbe und rote Peperoniwürfel dazugeben, mit Salz würzen, Gemüsebrühe angießen und etwa 8 Minuten kochen lassen.
- Nudeln in reichlich Salzwasser nach Packungsanweisung bissfest kochen und abseihen.
- Mit der Peperoni-Zwiebelsauce und den rohen Thunfischwürfeln vermischen, mit fein geschnittener Petersilie und Pfeffer aus der Mühle bestreuen und servieren.

TIPPS

1. *Statt der Strigoli können Sie Spaghetti, Orecchiette oder Bandnudeln nehmen.*
2. *In die Sauce kann man auch gekochte Erbsen geben.*
3. *Sie können die Nudeln auch selber machen. Verwenden Sie dafür einen weißen Nudelteig (siehe Seite 28).*

Kartoffelnocken mit Gemüse-Miesmuschelsauce

FÜR 4 PERSONEN

Kartoffelnocken (Gnocchi)

400 g	mehlige Kartoffeln
1	Eigelb
1 EL	weiche Butter
120 g	Mehl
	Salz
1 Msp.	Muskatnuss

Gemüse-Miesmuschelsauce

500 g	Miesmuscheln
2 EL	Olivenöl
50 g	Zwiebeln, fein geschnitten
50 ml	Weißwein
1 TL	Safranfäden oder 1 Pkg. Safranpulver
100 g	gekochte Zucchinistreifen
100 g	gekochte Karottenstreifen
50 g	kalte Butter
30 g	Parmesan, gerieben
	Dill zum Garnieren

Kartoffeln: etwa 20 Minuten

Gemüse-Miesmuschelsauce: etwa 6 Minuten

Nocken: etwa 5 Minuten

Kartoffelnocken

- Kartoffeln schälen, in Würfel schneiden und in Salzwasser kochen. Abseihen und etwas ausdämpfen lassen (damit sie trockener werden).
- Kartoffeln durch die Kartoffelpresse drücken, mit Eigelb und Butter verkneten, dann auskühlen lassen.
- Mehl, Salz und Muskatnuss unter die Kartoffelmasse kneten.
- Aus dem Teig rasch gleich dicke Stränge (1 cm Ø) formen und diese in 2 cm lange Stücke schneiden.
- Nocken eventuell über eine Gabel rollen, damit sie ein Muster bekommen.

Gemüse-Miesmuschelsauce

- Miesmuscheln putzen und gut waschen.
- In einem Topf Olivenöl erwärmen und Zwiebeln darin anschwitzen. Muscheln dazugeben, mit Weißwein ablöschen und zugedeckt garen, bis sich die Muscheln öffnen.
- Muscheln aus den Schalen brechen und bereitstellen.
- Muschelsud durch ein Sieb in einen Topf seihen. Safranfäden und Gemüsestreifen dazugeben, den Sud mit Butter binden, dann die Muscheln wieder in die Sauce geben.

Fertigstellung

- Kartoffelnocken in Salzwasser kochen lassen, mit dem Schaumlöffel herausnehmen und in der Gemüse-Muschelsauce schwenken, mit Dill garnieren und servieren.

TIPPS

1. *Servieren Sie zu diesem Gericht Blattsalate der Saison.*
2. *Sie können für die Sauce auch andere Gemüsesorten wie Lauch, Sellerie, Mangold usw. verwenden.*
3. *Verwenden Sie anstelle der Gnocchi die sogenannten Gnocchi Sardi (getrocknete Nudeln).*

Malloreddus mit Oktopus und Tomaten

FÜR 4 PERSONEN

Zutaten

500 g	Oktopus
50 g	Zwiebeln
30 ml	Olivenöl
50 ml	Weißwein
120 ml	Tomaten aus der Dose
500 ml	Wasser
1	Lorbeerblatt
	Salz
	Pfeffer aus der Mühle
1 TL	Petersilie
1	Knoblauchzehe, in Scheiben geschnitten

Weiteres

300 g	Malloreddus
	Kerbel zum Garnieren

Sauce: etwa 50 Minuten

Malloreddus: siehe Packungsanweisung

Zubereitung

- Oktopus putzen, das Innere des Oktopus entfernen und waschen.
- Zwiebeln schälen und fein schneiden.
- Olivenöl in eine Pfanne geben, erhitzen, Zwiebeln anschwitzen, Oktopus dazugeben und mitdünsten.
- Mit Weißwein, Tomaten und Wasser aufgießen, Lorbeerblatt dazugeben, salzen, pfeffern und zugedeckt langsam schmoren lassen.
- Oktopus aus der Sauce nehmen, die Sauce durch ein Sieb passieren, das Fleisch in Stücke schneiden und wieder in die Sauce geben.
- Petersilie fein schneiden und mit Knoblauch zur Sauce geben.
- Malloreddus in Salzwasser nach Packungsanweisung bissfest kochen, abseihen und in der Sauce schwenken. Auf Tellern anrichten und mit Kerbel garniert servieren.

TIPPS

1. *Sollte die Sauce zu dünnflüssig sein, können Sie diese mit Speisestärke (angerührt in etwas kaltem Wasser oder Weißwein) binden.*
2. *Die Oktopus-Sauce können Sie auch zu Pappardelle, Gnocchi (Kartoffelnocken). und Risotto servieren.*
3. *Sie können die Nudeln auch selber machen. Verwenden Sie dafür einen weißen Nudelteig (siehe Seite 28).*

[1]

[2]

[3]

[4]

ca. 15 Minuten + Ruhezeit — einfach

Eiernudelteig [1]

FÜR 300 G TEIG

Zutaten

100 g Mehl, 100 g Hartweizenmehl, 2 Eier, 1 TL Olivenöl, Salz

Zubereitung

- Mehl, Hartweizenmehl, Eier, Olivenöl und Salz vermischen und auf einem Tisch oder Nudelbrett zu einem geschmeidigen, festen Teig verkneten. Mit Klarsichtfolie zugedeckt etwa 1 Stunde ruhen lassen.

Spinatnudelteig [2]

FÜR 300 G TEIG

Zutaten

100 g Mehl, 100 g Hartweizenmehl, 1 Ei, 50 g Spinatpüree (gekochter Spinat, fein püriert), 1 TL Olivenöl, Salz

Zubereitung

- Mehl, Hartweizenmehl, Ei, Spinatpüree, Olivenöl und Salz vermischen und auf einem Tisch oder Nudelbrett zu einem geschmeidigen, festen Teig verkneten. Mit Klarsichtfolie zugedeckt etwa 1 Stunde ruhen lassen.

Buchweizennudelteig [3]

FÜR 300 G TEIG

Zutaten

80 g Mehl, 120 g feines Buchweizenmehl, 2 Eier, 1 TL Olivenöl, Salz

Zubereitung

- Mehl, Buchweizenmehl, Eier, Olivenöl und Salz vermischen und auf einem Tisch oder Nudelbrett zu einem geschmeidigen, festen Teig verkneten. Mit Klarsichtfolie zugedeckt etwa 1 Stunde ruhen lassen.

Tomatennudelteig [4]

FÜR 300 G TEIG

Zutaten

100 g Mehl, 100 g Hartweizenmehl, 1 Ei, 50 g Tomatenmark, 1 TL Olivenöl, Salz

Zubereitung

- Mehl, Hartweizenmehl, Ei, Tomatenmark, Olivenöl und Salz vermischen und auf einem Tisch oder Nudelbrett zu einem geschmeidigen, festen Teig verkneten. Mit Klarsichtfolie zugedeckt etwa 1 Stunde ruhen lassen.

ca. 30 Minuten einfach

Tomatensauce

FÜR 4 PERSONEN

Zutaten

1	Zwiebel
500 g	frische Tomaten (z. B. San Marzano) oder Tomaten aus der Dose
2 EL	Olivenöl
1	Knoblauchzehe, fein gehackt
	Pfeffer aus der Mühle, Salz
2 EL	Butter
4	Basilikumblätter, fein geschnitten

Zubereitung

- Zwiebel schälen, in feine Würfel schneiden.
- Tomaten waschen, schälen, in Stücke schneiden.
- Olivenöl in eine Pfanne geben, leicht erhitzen, Zwiebelwürfel und Knoblauch darin anschwitzen.
- Tomaten dazugeben, mit Salz und Pfeffer würzen und leicht köcheln lassen.
- Sauce mit der Handpassiermaschine fein passieren, mit Butter und Basilikum abschmecken.

TIPPS

1. *Sind die Tomaten zu säuerlich, geben Sie etwas Zucker in die Sauce.*
2. *Wenn Sie keine »San Marzano« bekommen, können Sie auch gut gereifte Fleischtomaten verwenden.*

etwa 20 Minuten

ca. 15 Minuten einfach

Béchamelsauce

FÜR ETWA 500 ML

Zutaten

500 ml	Milch
	Salz
1 Msp.	Muskatnuss
30 g	Butter
30 g	Mehl
1	kleines Lorbeerblatt

Zubereitung

- Milch mit Salz und Muskatnuss würzen und leicht erhitzen.
- In einem Topf Butter schmelzen lassen, Mehl mit dem Schneebesen einrühren.
- Topf von der Kochstelle nehmen und etwas auskühlen lassen.
- Heiße Milch unter ständigem Rühren mit einem Schneebesen in die Mehlschwitze einrühren.
- Wenn die Sauce schön glatt ist und eine sämige Konsistenz hat, Lorbeerblatt hinzufügen.
- Bei schwacher Hitze kochen lassen.
- Die Sauce verliert während dieser Kochzeit auch ihren Mehlgeschmack.
- Eventuell durch ein Sieb passieren und weiterverwenden.

etwa 7 Minuten

Die Autoren bedanken sich bei folgenden Firmen

SENNEREIGENOSSENSCHAFT | Algund, Mitterplars 29 | Tel. 0473 44 87 10 | www.sennereialgund.it

BIOKISTL SÜDTIROL | Lana, Industriezone 1/5 Eurocenter | Tel. 0473 20 10 23 | www.biokistl.it

EXPORT ORGANISATION SÜDTIROL | Bozen, Südtiroler Str. 60 | Tel. 0471 94 57 50 | www.eos-export.org

FOPPA GmbH | Neumarkt, Obere Insel 14 | Tel. 0471 82 00 95 | www.foppa.com

BRAUEREI FORST AG | Algund, Vinschgauer Straße 8 | Tel. 0473 26 01 11 | www.forst.it

GALLONI T. & A. OHG | Meran, Max-Valier-Straße 42 | Tel. 0473 23 64 33 | www.galloni-meran.it

GRAMM | Bozen, Bozner Boden, Mitterweg 14 | Tel. 0471 97 63 44 | www.gramm-spa.it

GENIESSERHOTEL JÄGERHOF | St. Leonhard i. P., Walten 80 | Tel. 0473 65 62 50 | www.jagerhof.net

KÜPPERSBUSCH | Kurtatsch, Weinstraße 3 | Tel. 0471 88 01 73 | www.kueppersbusch.it

MEIN BECK | Nals, Zollstraße 5 | Tel. 0471 67 86 52 | www.meinbeck.com

JULIUS MEINL | Bozen, Frischinstraße 3 | Tel. 0471 30 72 11 | www.meinl.it

BAR · KÜCHE · WÄSCHEREI | Tel. 0471 96 86 00 | www.niederbacher.it

PIRCHER BRENNEREI | Lana, Bozner Straße 17 | Tel. 0473 55 80 00 | www.pircher.it

BÄCKEREI RABANSER | Barbian, St. Jakob 121 | Tel. 0471 65 00 61 | www.rabanser.bz

RECLA GmbH | Schlanders, Vezzan 99 | Tel. 0473 73 73 00 | www.recla.it

A. RIEPER AG | Vintl, B.-v.-Guggenberg-Straße 6 | Tel. 0472 86 79 00 | www.rieper.com

TORO VERSICHERUNGEN | Bozen, G.-Manci-Straße 5 | Tel. 0471 27 07 48 | www.trentaduesnc.it

ZORZI KÄLTETECHNIK | Meran, Rennstallweg 36 | Tel. 0473 23 61 95 | www.zorzi.oskar.it

Kleines Küchenlexikon

In der Auflistung finden Sie Zubereitungsmethoden und handwerkliche Begriffe, die Ihnen in den Rezepten begegnen und über die Sie vielleicht noch einmal genau informiert werden möchten.

al dente	gar, aber noch bissfest, meist bei gekochten Teigwaren, Risotto usw.
al forno	im Rohr gebacken, überbacken
all'amatriciana	Pasta mit Tomaten, Speck und Zwiebeln
all'arrabbiata	scharfes Nudelgericht; Pasta mit Peperoncino, Knoblauch und Tomaten
alla bolognese	Fleischsauce zu verschiedenen Nudeln
alla carbonara	Nudelgericht mit Speck, Sahne, Ei und Käse
alla napolitana	Tomatensauce und Basilikum
Cannelloni	gefüllte Teigrollen (Rohrnudeln), meist überbacken
Cocotte	feuerfestes, hitzebeständiges Geschirr aus Porzellan, Steingut oder Glas
Pasta	Sammelbegriff für getrocknete und frische Teigwaren
San-Marzano-Tomaten	längliche Tomaten, die sich besonders gut für Pastasaucen eignen
Sopressa	italienische Salami

Ländertypische Bezeichnungen

Öfters kommt es zu Missverständnissen und Verwechslungen aufgrund von unterschiedlichen Benennungen. Nachstehend eine Auswahl an italienischen Begriffen und ihre deutsche Übersetzung.

Südtirol/Italien	Deutschland
Aglio	Knoblauch
Carciofi	Artischocken
Farfalle	Nudeln in Schmetterlingsform
Fettucine	schmale Bandnudeln
Fusilli	spiralförmige Nudeln
Lasagne	Nudelteigblätterauflauf
Melanzane	Aubergine
Ossobuco	Kalbsbeinscheiben
Pancetta	Bauchspeck
Pasticcio di lasagne	Nudelauflauf
Pelati	eingelegte, geschälte Tomaten
Peperoncino	rote Chilischote

Südtirol/Italien	Deutschland
Peperoni	Paprika/Paprikaschote
Peretti	Flaschentomaten
Pinoli	Pinenkerne
Pomodori	Tomaten
Ragù	Fleischragout
Ravioli	gefüllte Teigtaschen
Rohnen	Rote Bete
Salsa	Sauce
Salsiccia	Schweinswürstchen
Sugo	Sauce, meist für Nudeln gebraucht
Tagliatelle	Bandnudeln
Tagliolini	sehr schmale Bandnudeln
Tortellini	kleine Teigtaschen

Register

Stichwörter mit roten Seitenzahlen befinden sich im Rezeptteil. Stichwörter mit **schwarzen** Seitenzahlen befinden sich im Abschnitt »Wissenswertes«.

A

Al dente 10
alla calabrese 22
alla carbonara 54
all'amatriciana 46
alla puttanesca 24
all'arrabbiata 26
Almkäse-Fonduta 52

B

Bärlauchnudeln 30
Basilikumpesto 58
Béchamelsauce 85
Bigoli mit Pfifferlingen 60
Bologneser Sauce 44
Brennnesselnudeln mit Spargelsauce 30
Bucatini mit Basilikumpesto 58
Buchweizennudelteig 84
Burrata-Ravioli 66

C

Casarecce mit Melanzane 56
Casarecce mit Tomaten und Sahne 56
Casarecce mit Zucchini 56
Castellane mit Bohnen und Sopressa 40

E

Eiernudelteig 84

F

Farfalle mit Zucchinicreme und Calamaretti 76
Fettuccine mit Artischocken 36
Fusilli mit Radicchio 32

G

Garganelli mit Grillgemüse 34
Geheimnisse der perfekt gekochten Pasta 6
Gemüselasagne 62
Gemüse-Miesmuschelsauce 80
Gemüse-Safransauce 28
Gnocchi 80
Gorgonzolasauce 50

H

Herstellung von gefüllten Teigwaren 18

K

Kartoffelcannelloni mit Radicchiofüllung 70
Kartoffel-Kürbisteigtaschen 64
Kartoffelnocken (Gnocchi) 80
Kartoffelnocken mit Gemüse-Miesmuschelsauce 80
Kartoffelteig 64
Käsecannelloni auf Tomatensauce 72
Küchenlexikon 87
Kürbisfüllung 64

L

Lagerung von Pasta und Teigwaren 18
Ländertypische Bezeichnungen 87
Lasagne alla bolognese 62

M

Maccheroni alla calabrese 22
Malloreddus mit Oktopus und Tomaten 82
Melanzanefüllung 68
Mezze maniche mit Gorgonzolasauce 50

N

Nudelmaschine 17
Nudelsalate 15
Nudelsuppen 15
Nudelteig 84

O

Oktopus, geschmort 82
Orecchiette mit Gemüse-Safransauce 28
Ossobuco, geschmort 42

P

Paccheri all'arrabbiata 26
Pappardelle, gefüllt mit Almkäse-Fonduta 52
Pasta als Beilage 14
Pastaherstellung 9
Pasta ist gesund 19
Pasta-Lexikon 16
Pasta lunga/Pasta corta 7
Pastasaucen 11
Pastavariationen 8
Penne all'amatriciana 46
Pesto 12, 13, 58
Pfifferlingen 60

R

Radicchiofüllung 70
Ravioli mit Melanzanefüllung 68
Ricotta-Kräuterfüllung 66

S

Schüttelbrotbandnudeln mit Selchkarree und Kren 48
Spaghetti alla carbonara mit Zucchini 54
Spaghetti alla chitarra 10
Spaghetti alla chitarra mit geschmortem Ossobuco 42
Spaghetti mit Bologneser Sauce 44
Spaghetti mit Knoblauch, Peperoni und Oliven 20
Spaghetti mit Meeresfrüchten 74
Spaghettini mit frischen Tomaten 38
Spargelsauce 30
Spinatnudelteig 84
Spinatravioli mit Ricotta-Kräuterfüllung 66
Stracchino-Ravioli 66
Strigoli mit Thunfisch-Peperonisauce 78

T

Thunfisch-Peperonisauce 78
Tipps für die Pesto-Herstellung 13
Tomatennudelteig 84
Tomatensauce 38, 85

V

Vermicelli alla puttanesca 24
Vielfalt der Pasta 5

W

Wein und Pasta 19
Weißer Nudelteig 28
Welche Sauce zu welchen Nudeln? 13

Z

Zubehör für die Pastaherstellung 16
Zucchinicreme 76